经营裂变

张鉴伟　著

中国商务出版社

图书在版编目（CIP）数据

经营裂变/张鉴伟著．—北京：中国商务出版社，
2016.12

ISBN 978-7-5103-1724-8

Ⅰ.①经… Ⅱ.①张… Ⅲ.①企业经营管理 Ⅳ.
①F272.3

中国版本图书馆 CIP 数据核字（2016）第 302606 号

经营裂变

JINGYING LIEBIAN

张鉴伟 著

出 版：	中国商务出版社	
地 址：	北京市东城区安定门外大街东后巷 28 号 邮 编：100710	
责任部门：	中国商务出版社 商务与文化事业部 （010-64515151）	
总 发 行：	中国商务出版社 商务与文化事业部 （010-64226011）	
责任编辑：	崔 笏	
网 址：	http://www.cctpress.com	
邮 箱：	shangwuyuwenhua@126.com	
排 版：	北京科事洁技术开发有限责任公司	
印 刷：	北京密兴印刷有限公司	
开 本：	700 毫米×1000 毫米 1/16	
印 张：	12 字 数：147 千字	
版 次：	2017 年 1 月第 1 版 印 次：2017 年 1 月第 1 次印刷	
书 号：	ISBN 978-7-5103-1724-8	
定 价：	38.00 元	

无论是经营企业，还是经营事业，抑或是经营人生，我们都希望自己能够像核裂变一样，释放出超越常规的能量，创造出超越常规的业绩。

众所周知，核弹爆炸时，会释放出大量的能量；使用化学炸药的常规弹药，爆炸时同样如此。可是二者比较起来，前者要比后者大得多。资料显示，1000 克铀裂变释放的能量，如果用 TNT 炸药来代替，需要 2 万吨。

所谓的经营裂变，就是指通过改变经营方式而实现经营业绩的核裂变。说到这里，有人可能要问，这一点指的是梦想？还是现实？我要说的是，仅仅停留在渴望层面，当然就是梦想；如果能够通过一定的方法来实现，就完全可以将其变成现实。

下面是几个具体例子。

一个不会游泳的"旱鸭子"不小心掉到了河里。一只鳄鱼发现了他，慢慢向他游来。为了躲避鳄鱼的追击，他急忙用腿脚扑棱着水，竟然神奇般地学会了游泳。

美国的笛福森，45 岁以前是个不名一文的银行小职员，身边的人都觉得他一点创造才能都没有，连他自己都看不起自己。可是，45 岁生日那天，他受到报上登载的故事的影响，立下了自己的伟大志向，决心成为大企业家。此后，他便具备了一种前所未有的自信和顽强毅力，潜心研究企业管理，终于成为一个声名显赫的大企业家。

20 世纪，伟大的科学家爱因斯坦去世前曾说，他愿意将自己的大脑捐献出来，供人们研究。后来，科学家研究发现，爱因斯坦的大脑使用率还不到整个大脑的 10%。这说明，至少有 90% 的大脑被荒废了。

科学研究还表明，如果一个人的大脑得到全部开发，他就能学会 40 种语言、拿 14 个博士学位……毫不夸张地说，只要大脑得到全部开发，几乎可以完成所有能够想象到的事情。

那么，如何来开发人类的潜能呢？其实，古人早已经给我们提供了开发方案。《论语》中有这样一段记载：

孔子问子贡说："你觉得，我是通过不断的学习，才记住了这些学问和道理的吗？"

子贡回答说："不错，我确实是这样认为的！难道不是这样的吗？"

孔子说："不是这样！我是以一个至简至易的根本道理，从上到下贯通到万事万物的。"

孔子也对曾参说过这样的话："吾道一以贯之。"没错，孔子正是因为找到了这个"一"，才一通百通的。其实，这个"一"不在外面，而在我们的先天本性里。可是，我们的本性已经是被后天的污染所遮盖，必须除去这些蒙尘与污垢。这个过程，就是修心见性的过程，也是开发潜能的过程。

老子也说："反者道之动，弱者道之用。"意思就是，让我们将自己的目光从寻找外界的问题返回来寻找自己的问题，从汲汲于追逐无尽的物欲中返璞归真，使那些强盛的执着之心渐渐弱化下来，乃是回归我们先天本性的根本之路。

老子还说过："吾道甚易知，甚易行，而人莫能知，莫能行。"意思是说，我所讲的道理非常容易理解，也非常容易做到，而人们却听不明白、也很少去做。

古圣先贤关于人生真谛和开发潜能的教导可谓俯拾皆是，可是却被今天的我们置于脑后，不知其所以然了。我们辜负了圣哲的希望，是不是有些愧疚?

读到这里,有些人可能会心生疑惑:修心见性就能够开发出人类的潜能,可有这样的例证?有!比如,被誉为日本"经营之神"的稻盛和夫,就经历了修心见性的过程,独创了一套全新的经营理念。他在这种经营理念的指导下,创办了两家世界五百强企业。

读过本书,你会发现:稻盛和夫的经验,可以放之四海而皆准。个人、企业、团队等都可以通过这样的办法实现经营裂变!

目 录

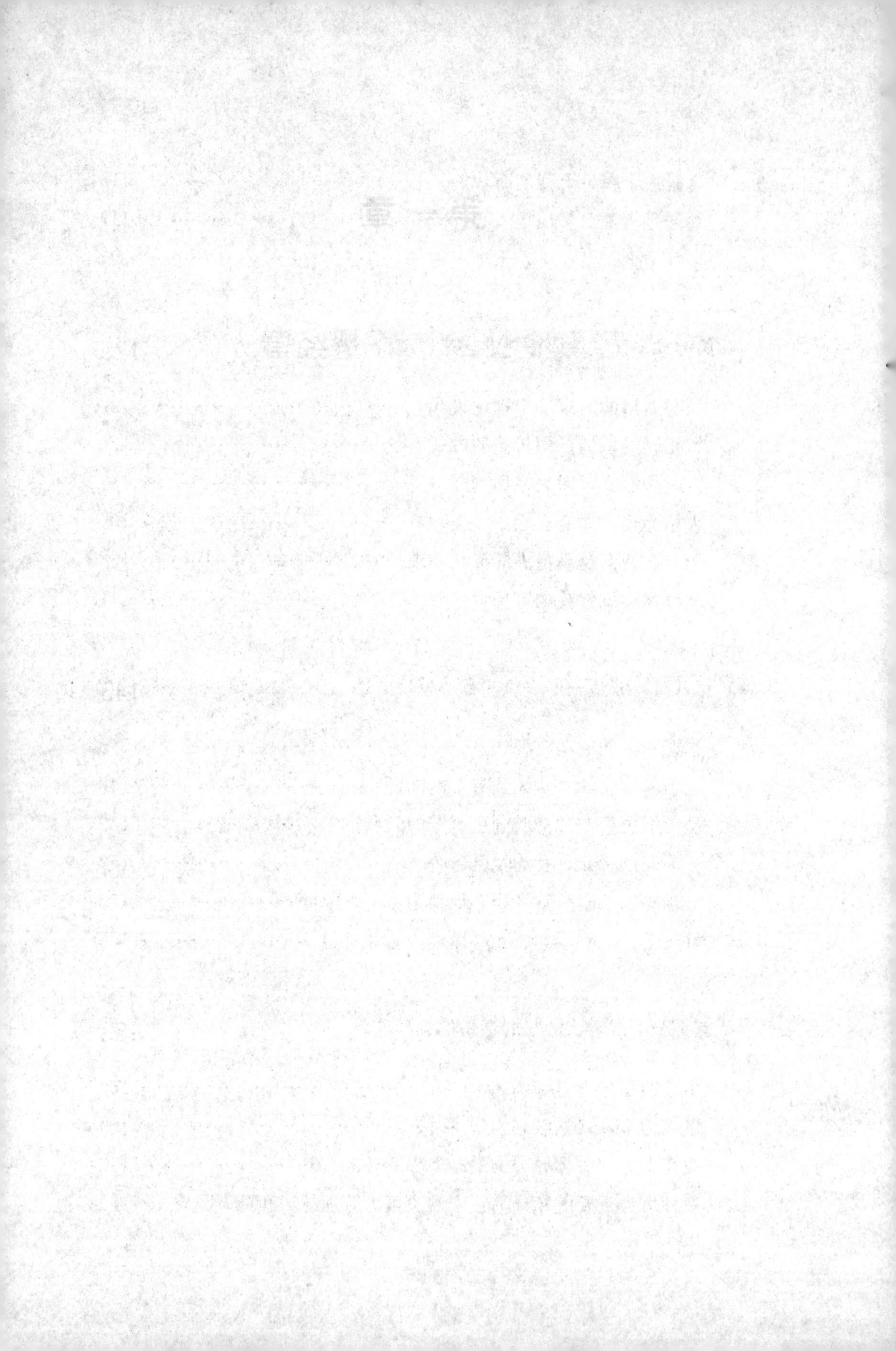

第一章

经营企业的核心是经营人

所谓的企业经营，当然包括资本经营，包括材料和产品经营，也包括信息经营，还包括一些其他方面的经营。可是，不管是哪方面的经营，都离不开人。比如，任何经营都要回答以下几个问题：让谁来干？干什么？怎么干？达到什么标准？怎样评估和考核？找到了答案，企业就要为他们提供各种支持和保证，从而达到企业的目标。

经营企业的核心问题，就是经营人！换言之，企业经营管理的实质与核心，就是人的经营与管理。任何事物的运作都是通过人来操作完成的，只要将人经营管理好了，也就经营管理好了所有事情，大到一个社会、一个国家，小到一个家庭，都是人的问题。

当然，人是最难经营的！每个人的需求、理想、知识、经验、思想、性格、认识水平、教育和家庭背景都不同，态度、能力、品性和业绩也不一样。而且，其中的很多因素还会随着时间的推移而不断变化。尤其是如今的社会，很多人都缺失诚信、追求享乐主义、崇尚物质、看重金钱，人心浮躁，总是急于求成、急功近利，一旦将这种社会风气带到企业中，必然会给企业带来很多经营管理上的负面影响。

因此，一定要将经营人的问题提上议事日程。

小企业做事，大企业做人

一直以来，在企业界就流传着这样的话：小企业做事，大企业做人！一般来说，所谓小企业做事，主要指的是，以生存为主的小企业，以赚到钱为目标，为了实现自己的目标，有时可能会有些不择手段。所谓大企业做人，主要讲的是，大企业要考虑今后的发展，不仅会考虑眼前的得失，更要培养企业和员工的诚信以利于长远发展。

按照企业一般的发展过程，所谓做事，就是拓展业务、抢占市场，这是创业初期所应考虑的问题；而等到公司壮大了之后，就应该在"做人"方面下功夫了。下面，我们就以中国商界的传奇人物柳传志为例来说明这个问题。

柳传志曾担任联想控股有限公司的总裁、董事局主席，是中国企业界教父级的人物。柳传志人才理念的核心就是"以人为本"，在公司处于起步阶段的时候，柳传志就已经立下了自己的志向：堂堂正正做人，认认真真做事！但是，由于他将更多的精力放在了做事上，便忽略了对"做人"的思考。

从 1995 年年底开始，联想集团将"以人为本"的思想提高到前所未有的高度，连续四期的干部培训班和每月一期的员工培训班都是在这个思想的指导下进行的。

人力资源与企业形象有着密不可分的关系，一直以来，柳传志都对人力资源给予了高度重视。柳传志曾提出过一个众人皆知的宗旨，那就是："办公司就是办人。"他说："联想靠什么创造效益？靠人！20万元创业资本，即使点石成金，也不能在 12 年间滚成数十亿。联想将来靠什么发财？靠人！没有人，数十亿元用不着 12 年，就会变回 20 万。"

柳传志深知人才的重要性，在一次小范围的讨论中再次提出了"小公司做事，大公司做人"的观念，非常耐人寻味。柳传志的意思是，做事只是公司的起步，只有人才才是利润最高的商品。对于企业来说，只有经营好人才，才能在市场上大小通吃，才可能成为最终的大赢家。

柳传志给我们总结出了一套具有联想特色的人才理念。"以人为本"首先说的是对人才的识别，柳传志提倡"不拘一格降人才"，不以资历、学历看人，重在能力和业绩。员工进入联想的时间都不相同，学历也参差不齐，但只要积极动脑、创造出显著的业绩，都可以得到重用。

其次，在人才任用方面，联想一向看人重于看事，提倡"一层带一层，层层起到发动机"的作用，给每个人才都提供了尽情施展才华的舞台。同时，在人才培训上，联想还将自身的发展与人才的造就联系在一起，在尊重人、理解人、关心人的过程中，实现造就人的目标。

联想集团依靠人才壮大了自己的企业，面对世界级强手的人才竞争，柳传志一直都在精心地实施着自己的人才战略。

作为企业家的经营人，一方面要经营自己，另一方面则要经营员工。

要想成为大企业家，就要参透做事与做人之间的玄机。面对"事好做、人难为"的窘境，就要拥有过人的智慧和胸怀。优秀的企业家一般都能放下自我，唯才是举，成就更大的事业。对于企业家来说，只有提高个人魅力，才能使千百万员工在共同追求的愿景下，形成巨大的合力，推动企业发展，使之傲立于世界强企之林。

此外，企业领导者还要不断地提高自身和公司员工的修养，加强学习，增强团队意识，摒弃不良习性，谦虚谨慎，戒骄戒躁，使自己和员工的素质随着公司的成长而成长，随着公司的壮大而壮大；要扬长避短，勇于进取，跟上公司发展的步伐，既要解决好随时可能发生的个体之间的矛盾，又要明确自己在团队中所扮演的社会角色。

　　作为亚洲商业大亨，李嘉诚的名字可谓妇孺皆知。据说，他早年就摸索建立了一套商业合作规则：凡是与他合作的生意伙伴，比如事先讲好盈利是五五分成，而生意做成后李嘉诚通常都只要四五，却给生意伙伴五五。如此，哪个生意人不愿意跟李嘉诚合作呢？所以，李嘉诚厉害在什么地方？当然是做生意！而做生意的基础和前提，就是做人！

若要用户购买你的商品，先将自己推销出去

上面说到的是经营与管理，下面我们再以推销商品为例来说明。

可以说，无论营销的理论多么千差万别，但有一点却是相同的，几乎所有的营销专家都认为：推销产品之前，首先要推销自己！

很多时候，产品并不重要，推销者才是至关重要的！因为客户一般都是先接受推销者，然后才会接受产品。这是很多销售行家的经验。因此，在营销产品的时候，先别忙着推销产品，还是先推销自己吧！有位心理学家曾做过这样一个实验：

将被试者分为两组，让他们看同样的一张照片。之后，工作人员对甲组说，这是一位屡教不改的罪犯。对乙组说，这是一位著名的科学家。

看完照片后，被试者要根据此人的外貌来对其性格特征作出判断。结果，甲组说，眼睛深陷，暗藏着危险；额头高耸，表明了他顽固的决心。乙组说，目光深沉，说明他思想深邃；额头高耸，体现了科学家探索的意志。

由此可以发现，如果一个人对对方的第一印象形成的是肯定的心理定式，在后面的了解过程中，就会努力发掘对方具有美好意义的品质。如果形成的是否定的心理定式，在后面的了解过程中，通常都会揭露对方令人厌恶的部分。可见，第一印象最深刻，也最顽固！一旦给他人留下了不好的第一印象，效果可想而知！

当然，还有一项实验是这样的：

工作人员准备了一张卡片，上面写着一个人的五种品质，分别是

聪明、灵巧、勤奋、坚定、热情。参与者看过图片后，需要动脑筋想象一下，这是一个什么样的人。结果，大多数人都觉得，这是一个友善的好人。

然后，工作人员将卡片上的"热情"换成"冷酷"，顺序变成聪明、勤奋、坚定、冷酷、灵巧。参与者看过之后，通常需要回答这是一个什么样的人。结果，很多人都推翻了前面的结论，说这个人是个可怕的坏人。

由此可见，在认知中，观察某个对象时，如果对方的某个特点、品质特别突出，就会影响到我们对其他品质的正确了解。在这个过程中，被突出的一点发挥了类似晕轮的作用，使人们观察失误。在这个实验中，"热情"和"冷酷"就产生了掩盖其他品质的晕轮效应。

在《列子》中，还有这样一个故事：

一个人丢了斧子，怀疑被邻居的儿子偷了。当他看到邻居的儿子时，发现他说话、走路、表情都像是偷了斧子的样子。后来，斧子找到了。原来，是自己不小心埋进了山谷。这时，他再去瞧邻居的儿子，发现他走路、说话、表情一点也不像偷了斧子的样子。

带着主观印象去观察、了解、分析事物，就容易产生认知偏差，这种现象被后世称为"亡斧疑邻"。在与人交往中，如果对方对你形成了某些观念，产生了某些看法，对方审视你时，"亡斧疑邻"效应就会发生作用。

当然，这种先入为主的印象，在推销过程中表现得更为强烈，会直接影响你对自己的推销，影响到你对产品的推销。由此可见，在推销产品的过程中，如果不能很好地先把自己推销出去，那以后任凭我们使出浑身解数，恐怕也会无济于事。

要想让消费者接受你的产品，首先就要让消费者认同你、相信你。因此，必须先销售自己，把自己卖出去！不做好自我销售，即使产品再好，恐怕也不会引起消费者的兴趣。

　　所谓推销自己，就是通过自身的努力使自己被别人肯定、尊重、信任、接受。当然，这个过程可以通过我们的自我包装与角色表演来完成，也可以通过自己的本色演出来完成。至于哪一种方法最好，结论应该不难做出。

有人就有一切！

优秀企业之所以会成功，究其原因，既不是什么理论，也不在于计划，更不是政府的政策，而是"人"。因为，"人"是一切经营最根本的出发点！

"人"是一切经营最根本的出发点！员工是企业的火力点，把员工当老板，他就是大老板。有这样一个较早期的小故事：

1993年，美国爆发了经济危机，全国上下一片萧条。火上浇油的是，哈里逊纺织公司还发生了一场大火，公司化为灰烬。3000名员工没了工作，悲观地回到家里，等着董事长宣布破产和失业。

在漫长的等待中，员工终于接到了董事会的一封信：向全体员工继续支付一个月的薪水。得到这样的消息，员工们都感到意外和惊喜，纷纷打电话或写信向董事长亚伦·傅斯表示感谢。

一个月后，正当员工们为下个月的生活发愁时，他们又接到了公司的第二封信。董事长宣布，再向全体员工支付一个月薪酬。员工接到信后，一个个热泪盈眶。在失业席卷全国、人人生计无着落的时候，能得到如此照顾，人们自然会万分感激。

第二天，员工们纷纷来到公司，主动清理废墟、擦洗机器；有些人甚至为了联络被中断的货源，主动去了南方州。3个月后，哈理逊公司重新运转起来。

现在，哈理逊公司已经发展成美国最大的纺织品公司，五大洲60多个国家都有它的分公司。

对于很多管理者来说，他们最关心的就是盈利和规模的增长，关心竞争对手做出的调整和变化，他们根本就不会花较多的时间来思考：如何才能发挥出员工的创造力？如何才能为员工提供成长的平台？可是，研究证明，企业对环境、变化、战略等的适应力，是保证企业延长生命周期的核心要素。适应力的强弱，会在很大程度上影响企业的长期发展，而员工正是获得这种适应力的一大重要来源。

成功是对努力工作的最好激励！如果员工都努力工作，都积极发挥他们的长处，企业自然会获得不断发展，继而直至成功。因此，释放出员工的能量，对于企业来说尤为重要。

人是先于利润而存在的，要想调动员工的积极性、创造力以为客户提供优质服务，取决于公司的领导方式。对"人本管理"的最好注解就是：用尊重和爱来经营。只有真正懂得经营的人，才能真正懂得如何做领导者，才能成为真正的领导者！

我觉得，构成领导者的要素可以概括为四种综合才能，分别是：有效地、以负责的态度运用权力的能力；了解人类在不同时间和情境下激励因素的能力；鼓舞人心的能力；用某种活动方式来形成一种有利的气氛，激励人们，同时让人们响应激励的能力。

其实，这四种综合领导才能突出强调的就是如何尊重人和激发人的问题。所以我们说，控制只能来自个人！

在没有任何指导的情况下，企业活动不仅会陷入一种混乱状态，还会对工作业绩产生负面作用。可是，仅仅用制度加以控制段，很容易形成官僚主义的管理作风，磨灭人们的革新精神与创造力。因此，真正的控制，只能来自于员工个人，如此才能实现好的管理绩效。

员工都充满了活力，他们需要的是一个展现自己的平台。因此，企业要给员工提供自我发展的机会，激发出他们的创造力，让控制来自于员工自身而非权力。只有让员工控制自己的弱点，激发自己的优点，自动自发地工作，才能促进企业发展，而这也是企业管理者真正需要解决的问题！

先经营自己，然后经营别人

要想经营好别人，必须先经营好自己，这是管理者自我管理的基本概念！

管理的成败，在很大程度上取决于管理者能否首先管好自己！因为，只有先将自己管理好了，才有资格去管理他人。只有不断地克服自己的错误、缺点和不足，不断地修缮身心，才能具备高尚的品格，才能获得比较高的素养，才能将整个团队管理好。

关于管理，中国传统文化的理解不同于西方。西方管理强调控制手段和任务目标，偏重于从管理程序和管理职能来界定管理，关注的是如何管理他人，忽视了如何有效管理自己，结果，在管理过程中就出现了管理主体自身管理的缺位。而我国传统文化，崇尚人文关怀和道德修养。根据传统文化中的这种价值观念，管理既是一门"正人"的学问，又是一门"正己"的学问。

在管理过程中，管理者是主体，只有先管好自己，才能管好他人，"正己"是"正人"的前提和基础。而所谓"正人"是指，在对自己进行良好管理的基础上，再提高管理水平与管理艺术，对他人实施成功有效的管理。这里，"正己"是"体"，"正人"是"用"，二者不可分割。由此可见，我国传统管理思想既讲道又讲术，是一门真正意义上的管理哲学。

对管理者来说，自我管理是所有管理工作的基础！李嘉诚先生曾经说过："自我管理是一种静态管理，是培养理性力量的基本功，是人把知识和经验转化为能力的催化剂。"从这个意义上说，自我管理既是一种自我完善，也是一种自我激励。

所谓自我管理，换一个说法就是自我修炼。把自己修炼好了，然后再将这套方法推行到别人身上。用《大学》中的话来说就是："大学之道，在明明德，在亲民，在止于至善。"就是，先要将自己光明的德性，即自己的先天本性修出来，然后再帮助别人修出他们的先天本性，并且使两者都达到至善之境。将这个过程连贯起来，就是"修身、齐家、治国、平天下"（简称"修齐治平"）。没有修身做基础，齐家、治国、平天下也就成了一句空话。

其实，修身也不是一件容易的事情，需要下一番真功夫，而且还有一个程序。这个程序就是《大学》给出的具体方法：格物、致知、诚意、正心。那么，如何来理解这个程序呢？

格物。通俗易懂地讲，就是将思想感情与人、事、物分开，把自己的思想感情放在一个格子里，而将外界的人、事、物放在另一个格子里。

致知。不带思想感情地看待人、事、物，即完全理性客观地看待人、事、物。这样形成的认知，才是真知，即所谓致知。

诚意。在此基础上，去除自己的思想感情，使自己的意念真诚起来，这就是诚意。

正心。在诚意的基础上，端正自己的用心，完全以理性而仁爱的精神来起心动念，这就是正心。

《大学》中说："所谓修身在正其心者，是因为心有愤怒就不能够端正；心有恐惧就不能够端正；心有喜好就不能够端正；心有忧虑就不能够端正。心思不端正就像心不在自己身上一样：虽然在看，但却像没有看见一样；虽然在听，但却像没有听见一样；虽然在吃东西，但却一点也不知道是什么滋味。"

《大学》还说："物格而后知至，知至而后意诚，意诚而后心正，心正而后身修，身修而后家齐，家齐而后国治，国治而后天下平。自天子以至于庶人。壹是皆以修身为本。其本乱，而末治者否矣。其所厚者薄，而其所薄者厚，未之有也。此谓知本，此谓知之至也。"

由此可见，从格物到致知，从致知到诚意，从诚意到正心，从正心到修身，从修身到齐家，从齐家到治国，从治国到平天下，是一个循序渐进的过程，中间不能割断！

《中庸》说："喜、怒、哀、乐之未发，谓之中。发而皆中节，谓之和。"说明各种各样的感情因素，都可能影响到我们对外界人、事、物的正确态度，这些感情因素去除最好，不去除也应该恰到好处。

日本"经营之圣"稻盛和夫，坚持自己的经营理念，创办了两家世界五百强企业——京都陶瓷和日本第二电讯电话公司。著名学者季羡林是这样评价他的："通过七八十年来的观察，我发现，既是企业家又是哲学家的人，微乎其微；即使是有，也是从稻盛和夫开始的！"

稻盛和夫曾经说过："什么是企业经营？对于我来说，经营就是日益提高自己的哲学理念。"其实，他的成功，就是因为他掌握了比常人更优秀的"思维方式"，也就是优秀的哲学、卓越的思想、高尚的人生观、正确的判断标准。说白了，稻盛和夫走的就是先经营自己，然后再经营别人的路。换言之，他先把自己修养好，然后再让员工按照这个方式来修养自己。他的奇迹，就是靠这个办法创造的！

管理是管事物，领导是领导人心

很多人都认为，"管理"和"领导"是同义语，似乎管理者就是领导者，领导过程就是管理过程。其实，二者是两个不同的概念，既有联系，又有区别。

管理的主要工作，是整合各种资源、借助各种手段来实现既定的目标，提高做事的效果，将事情做得又快又好。同时，还要灵活运用手段、技术等。它强调的是管理者要运用相关的法律和制度，管好自己负责的人和事。

而"领导"在现代汉语词典中的解释则是，率领和引导大家朝着一定的方向前进。从科学的角度说，领导是一种行为过程。在这个过程中，为了实现预定的组织目标，领导者会运用相应的理论、原则、职能、方法，影响、率领、引导组织内的成员完成预定任务。

这里有个关于管理的笑话：

一天，动物园管理员发现袋鼠从笼子里跑出来了。为了解决这个问题，大家开会讨论，一致认为是笼子的高度过低。最后，他们决定，将笼子的高度由原来的 10 米加高到 20 米。

结果，第二天他们发现，袋鼠又跑到外面来了。没办法，他们决定再将高度加一些，加到 30 米。没想到，过了一天再去看的时候，很多袋鼠又都跑到了外面。管理员感到非常紧张，毅然决然地打算将笼子加高到 100 米。

一天，长颈鹿和几只袋鼠们闲聊。长颈鹿问："你们觉得，这些人会不会再继续加高你们的笼子？"袋鼠回答说："很难说……如果他们再继续忘记关门的话。"

事有本末、轻重缓急，这里，关门是本，加高笼子是末，舍本而逐末，自然就会不得要领。可见，管理就要抓住事情的本末、轻重、缓急。

100年前，亨利·福特的事业一直都处于鼎盛期，他遭到了很多人的妒忌。后来，有人诬告他，上了法庭。主审官对亨利·福特也有偏见，开庭的时候，便问他："福特先生，我们知道您的公司取得了很大的成绩。但是，我有一个问题始终搞不清楚，您知道福特 T 型车一共使用了多少个车锭吗？"

亨利·福特想了想，不急不慢地回敬说："哦，法官先生，这个问题我确实搞不清楚，但我可以告诉你，我知道在我的公司谁知道这个问题的答案。"

这里，亨利·福特用自己的机智反驳了对方，引出了一个浅显易懂却易被混淆的概念关系：领导与管理有着非常清楚的权力边界。

被誉为"领导力第一大师"的哈佛商学院教授约翰·科特告诉我们："管理者试图控制事物，甚至控制人，但领导人却努力解放人与能量。"这句话，就道出了领导与管理之间的辩证关系——领导和管理互不相同，管理者的工作是计划与预算、组织及配置人员、控制并解决问题，其目的是建立秩序；领导者的工作则是确定方向、整合相关者、激励和鼓舞员工，其目的是产生变革。显然，这也正是领导力的运行轨迹。

具体来说，领导关注的是意义和价值，需要关注所要达到的目标是否正确、是否值得。领导者关注的却是做人，关注的是人的尊严、人的价值、人的潜能、人的激励和发展。如果说，管理侧重技术和手段、过程和方法，那么领导则侧重人文和目的、结果和艺术。当然，二者间还存在其他一些重要的区别，比如，管理重视权力作用，而领导看重魅力作用等。

在《三国演义》里，有段关于长坂坡一役的描写：

刘备被曹操打得丢盔弃甲、仓皇逃跑，连儿子阿斗也身陷敌阵。

赵云冒着生命危险，将阿斗救了出来。当他将阿斗交给刘备时，刘备却将其丢在一旁，说："为了这个孩子，几乎损了我一员大将！"

赵云连忙抱起阿斗，哭泣着说："听您这样说，即使我粉身碎骨，也不足以报答您啊！"

"刘备摔孩子"的故事，可谓家喻户晓。刘备的这一做法，让赵云深受感动。赵云会觉得，自己在刘备心目中比阿斗更重要。之后，定然会对刘备忠心耿耿。同时，还会让众将士觉得，刘备看重自己的将士胜过自己的孩子。在这样的领导手下干事，谁能不卖力？学习刘备式的人心管理方法，自然会给企业带来无法估量的长线收益。

信息时代，只有抓住人心，才能提高自己的领导力。杰克·维尔奇有一句名言："多一点领导，少一点管理。"美国前国家安全顾问布热·津斯基也在《大抉择》一书中说道："美国不是要做世界的警察、管理世界，而是要去领导世界。"由此可见，具备卓越影响力的人，都抓住了人心！

第二章

经营裂变的前提是内心能量的裂变

现代人经常使用"气场"一词，比如，说有的人气场强大，有的人气场太弱等。其实，大自然的气场无处不在，无处不有。动物有气场、植物有气场、山水有气场、人体有气场……万物皆有气场。

简单地说，气场就是指一个人的精、气、神，或者说是一个人的精神状态。一个人气场大不大，弱与强，主要取决于"心"的运用。孟子有"吾善养吾浩然之气"的说法，也是通过修心修出来的。塑造气场的根本，在于塑造自己的内心，内心力量强大，气场就强大。

其实，一个人的最大力量并不来自于外界，而是来自他的精神世界和内心。也就是说，我们的气场被我们的心主宰着。

我们已经知道，经营企业的核心问题就是经营人。其实，经营人的根本就是经营人心。如果我们希望经营能量产生裂变，首先就要让内心的能量产生裂变。内心能量的裂变，自然会直接导致经营能量的裂变！

每个人的内在都储藏着核能源

潜能是人类最大而开发最少的宝藏！在每个人身上，都有巨大的潜能还没有开发出来。美国学者詹姆斯对这个问题进行过研究，最后得出结论：普通人只开发了自己 1/10 的能力，与应当取得的成就相比较，我们都是半醒着的，只利用了身心资源的很小一部分。

世界顶尖潜能大师安东尼·罗宾曾讲过这样一个真实的故事：

在一个谷仓前面，坐着一位农夫。他的眼睛远远地盯着远处，注视着一辆轻型卡车快速地开过自家土地，因为他 14 岁的儿子正在驾驶这辆车。由于年纪小，儿子还没有考得驾驶执照，但他很喜欢汽车。当农夫发现，儿子可以操纵一辆车子时，便让他在农场里开这辆客货两用车，但不能到外面的路上开。

突然，儿子开着汽车翻到了水沟里。农夫非常着急，立刻跑到出事地点。车子翻倒，儿子正好被压在车子下。沟里有水，儿子躺在那里，只有头的一部分露出水面。

农夫长得并不高大，170 厘米高，70 公斤重，但他立刻便跳进水沟，把双手伸到车下，把车子抬了起来。工人们听到喊声跑了过来，将已经失去知觉的孩子从下面拉出来。

医生很快赶来，给男孩检查了一遍，他只受到了一点皮肉伤，其他毫无损伤。这时，农夫却感到异常奇怪，刚才，他去抬车子的时候，根本就没有停下来想自己能否抬得动。在好奇心的驱使下，他又试了一次，结果根本就动不了那辆车子。

这个例子足以证明，人类在体能方面可以创造奇迹！其实，科学家早就发现，人类贮存在大脑内的能力大得惊人，平常只发挥了极小部分的大脑功能。如果人类能够发挥一大半的大脑功能，就可以轻易地学会 40 种语言、背诵整本百科全书。这种说法一点也不夸张！

爱因斯坦是举世公认的 20 世纪的科学巨匠。他去世后，科学家对他的大脑进行了研究，结果表明，他的大脑无论是体积、重量、构造或细胞组织，与同龄人都没有区别。这充分说明，爱因斯坦成功的"秘诀"并不是他的大脑与众不同，而在于他自己的应用。

在这个世界上，每个人都是不同的个体；在每个人的身上，都潜藏着一份特殊的才能。这份才能如同一位熟睡的巨人，等着我们去唤醒，这个巨人就是潜能。上天对待我们是公平的，绝不会亏待任何一个人，为了让我们将自己的特长发挥出来，他定然会给我们每个人提供无穷无尽的机会。我们有理由相信，只要将潜能发挥得当，我们也能成为爱因斯坦，也能成为稻盛和夫！

其实，我们只要抹去身上的灰尘，就会恢复本有的先天本性，无限的潜能就会像原子反应堆里的原子那样充分发挥出来，一定会有所作为，创造奇迹。那么，如何才能找回我们的先天本性呢？儒家提供给我们的方法是"大学之道，在明明德"。对此，明代憨山大师在《大学纲目决疑》中做出了如下解释：

"大学"者，谓此乃没量大人之学也。"道"字，犹方法也。以天下人见的小，都是小人，不得称为大人者。以所学的都是小方法，即如诸子百家、奇谋异数，不过一曲之见，纵学得成，只成得个小人。若肯反求自己本有心性，一旦悟了，当下便是大人。以所学者大，故曰"大学"……

对于"在明明德"这四个字，明代憨山大师是这样解释的：要想理解这四个字，就要明白两个"明"字的意思。第一个"明"共有两层意思，如果"明德"讲的是自己，就是悟明的"明"。一旦明白了，自己也就显得光明磊落了，没有一丝缺点，也就知道了自己的明德。

第二个"明"的意思是光明，指的是自己的心得。

诚如憨山大师所言，人人天生都有一个光明的德性，也就是我们常说的本性，只不过由于后天不良习气的熏染，先天本性才被埋没。其实，将其找回来的过程就是"明明德"的过程，也是开发我们内在储藏着的核能源的过程！

思维方式决定人生和经营

有什么样的心，就有什么样的思维方式；

有什么样的思维方式，就会出现什么样的行为方式；

有什么样的行为方式，就有什么样的行为过程与结果。

所以，人生的首要任务就是努力提高自己的心性。

我们的人生，是由自己的心灵创造出来，所以一定要将它打扫干净，让自己的思想变得纯洁一些。这样做，并不是为了别人，而是为了自己的人生和经营。

稻盛和夫先生在年轻时，就想出了一个关于人生和工作结果的方程式：

人生和工作的结果＝思维方式×热情×能力。

通过观察，他发现，一个人的人生，有的幸福，有的痛苦；企业经营亦是如此！有的人将自己的事业做得蓬勃兴旺，有的人虽然付出了很多但终究毫无起色。为什么会出现如此大的差别？稻盛和夫从年轻时就开始思考这个问题，结果想出了上面这个方程式。

通常，人们都认为，人与人之间的差别取决于个人能力的不同，包括智商、体能等。其实，事实并非如此！能力或许占据了很大的比重，可是一个人所具有的思维方式、哲学、思想也发挥着重要的作用。

上述公式中，等号后面的几个要素，不是做加法，而是做乘法。仅能力和热情相乘，就会产生巨大的差别。比如，日本家喻户晓的松下幸之助先生，只读过小学。年轻时候，吃尽了苦头。可是，松下却给自己的人生和经营交出了出色的答卷，他所创造的成绩和普通人相比，存在着几何级数的差距。这正好诠释了热情和能力相乘的关系，也说明了人与人之间巨大差距产生的原因。

更为重要的是，热情和能力的乘积，还要与思维方式相乘。思维方式是一个人所抱有的哲学态度，也就是人生观、判断基准。持有的思维方式不同，人生和工作的结果就会迥然不同。

也许有人会想，有一点消极的想法没关系吧？可事实是，哪怕只有一点负面想法，结果都会变成负值。因为几个要素之间是相乘关系，思维方式即使是负1分，结果都会变成负值。并且，越是热情足、能力强，越会造成大的负面结果。尤其是有多个下属的领导者，其造成的负面结果，不仅给自己带来灾难，也会给周围的人带来不幸。

稻盛和夫先生自谦地认为，自己没有杰出的能力，必须具备超出常人的热情，必须付出不亚于任何人的努力；同时，掌握比常人更优秀的思维方式，也就是优秀的哲学、卓越的思想、高尚的人生观、正确的判断标准。为此，他不仅努力学习孔子、孟子、阳明哲学等中国古代典籍，还同时钻研佛陀教诲的精华，努力把圣贤的哲学根植在自己心中。

不管是在生活中还是在经营中，都需要做出各种各样的判断。对照自己持有的思维方式和思想进行判断，结果自然会大相径庭。

人，不仅是思想的主人，还是人格的创造者，也是环境和命运的设计者。在心里种下美丽的花草种子，经过日后的精心照料，就可以结出丰硕的成果；反之，平时不加以照料，就会杂草丛生。因此，一定要把心灵打扫干净，让自己的思想变得纯洁。

人，既有善良之心，也有邪恶之心。所谓善良之心，就是把自己的事情放到一边，企望周围人的幸福、充满温情，这是一种利他之心。所谓邪恶之心，就是只要自己好就行了，是一种利己之心。我们要尽量抑制这种利己想法，让利他之心更多地占据自己的心灵。

在这个世界上，只有真正的圣人君子，才能做到不凭直觉而是用善恶来判断事物。通常，人都会用本能去判断，遇到问题的时候，不要立刻下结论，要将最初浮现的判断先放到一边，先去弄明白问题的本质，然后再用善恶的尺度进行衡量，修正自己最初的想法。设置一个缓冲器，自然就可以做出准确无误的判断。

从一定意义上说，越是生活在现代社会的读书人，越容易忽视自己的思想、思维方式的重要性。但是，现代文明的创造，依赖的不是别的，正是人类的思想！

对人的经营与管理，决不能等同于机器

关于这个主题，我们就先从一个故事讲起：

一天，一个工人向朋友抱怨说："工作都是我们做的，受到表扬的却是组长，最后的成果又都变成经理的了，真是太不公平了！"

朋友微笑着对他说："看手表的时候，你是不是也是先看时针，再看分针？运转最多的秒针，你却不愿意多看一眼。"

所以，在日常生活中，如果感到不公平，就要努力做前者，抱怨是没有用的！

现在，一定有很多人赞同这个结论。但是，即便有很多人赞同，这个结论也不一定成立。因为人不是机器，自然也无法按照机器的方式来运转。时钟仅仅是一个机械，它的构造是人赋予的，其目的仅仅是为了指示时间，时针、分针和秒针也是为了这个目的而做的标识，它们只不过是时钟上的构造零件。所以，用钟表来寓意社会和企业，本身就是有缺陷的。如果用哲学的观点来说，就是机械唯物主义，是一种最不高明的看世界的方法。

人是感情动物，有灵性，会思考，具备喜怒哀乐等各种感情，而且还会通过嬉笑怒骂等方式将情绪表现出来。所以，对人的经营与管理，决不能等同于机器。对人的经营需要尊重人、关心人、爱护人、懂得人的心理，尤其要擅长与人沟通。

从一般意义上讲，沟通是人类社会性的开始，是人类社会行为、集团行为或团队行为的基础。在这个意义上，沟通与信息的意义好像是一样的。但是，信息传递可能是单向的，没有必要必须具备双向性，但沟通必须是双向的。

另外，信息传递不必以心灵为基础，它往往以知识为基础，或以技术手段为基础。但沟通必须以心灵为媒介，而且沟通要寻找双方目的或利益的共同点，因此，沟通较信息来说，更具有主观或主体意义，更具有主动性和积极意义，所以沟通对于形成人的社会行为，包括团队行为或集体行为，更具有凝聚力或精神黏合剂的作用。

所以，要打造一个行为共同体，就需要沟通。企业讲哲学共有、价值观共有、理念共有，这就是沟通。另外，企业还讲信息分享和玻璃般经营，都意味着信息要全面沟通、充分交流。

从长期性角度来说，沟通是建立信任，是共同体的凝聚力和黏合剂。从一次性、某次具体的行动来说，沟通双方要求同存异，或多方建立行动目标交集，才能开启团队或集体行动。

沟通是相互了解的开始！人类行为讲究趋利避害，也就是追求利益、远离灾难，谁也不愿意与特别另类的人合作，都愿意与随和的合作，都愿意通过合作获得更多利益，而不是通过合作来损失利益。所谓"道不同不相为谋"，合作就要找志同道合者，那么就需要通过沟通来进行了解，如同找对象一样，要先相互了解，能不能走到一起是每个人的选择。

我们认为，从个人走向团队是有条件的。个人行为在趋向团队集体行为时有两个力：一个是走向团队的吸引力，就是前面讲的凝聚力或黏合剂；另一个就是排斥力、排他力，这与个人的性格有关，彼得·圣吉称之为"个人心智"。当吸引力大于排斥力时，人才会走向集体团队行为，也就是利大于弊。反之，他就会远离合作、远离集体。

同时，沟通是建立信任的开始，也唯有沟通才能建立信任，信任往往是长期沟通的结果。实际上，人们往往先通过沟通来相互了解，然后再通过了解建立信任，再通过信任建立集体或团队关系。实践中，是"沟通—了解—信任—合作"这样一种逻辑关系。

此外，我们还发现了一个问题，凡是一些心理变态走向犯罪的孩子，一般都缺乏与父母的正常沟通。父母只管做生意、忙事业，只重视物质满足，不注重精神交流与情感交流，根本不知道儿女在想什么，当孩子犯了罪后才后悔没有教育好孩子。所以，沟通也是对他人的一种尊重，沟通就是平等待人，沟通能够促成心理健康。同样，老年人年龄大了，也需要情感交流和精神交流，特别需要与同龄人的交流。这也从一个方面说明了人类的社会性特征。

再则，沟通好能够事半功倍，能够提高集体工作的成效，否则就是系统的内耗不断，事倍功半。所以，系统力的展现，就是要使系统的效果大于部分之和，这就要依赖有效的沟通。许多企业做大了，却发现效率降低了，这也是因为系统的沟通出现了问题——沟通成本增加了！

最后，有效和良好的沟通不仅能创造一个社会组织、促进一个社会结构体的生成，还对一个社会组织体的健康维系和维护至关重要。

其实，企业文化、价值观以及各种会议和日常交往，都能起到沟通作用。企业不仅要解决员工干什么、怎么干和干到什么程度的问题，还要解决以什么心态干的问题。

有人说，中国人的生产力就是"我愿意"。没错！员工愿意干，才能产生生产力；员工不愿意干，就不会产生生产力。甚至还有人说，劳动能够创造价值，劳动也能够毁灭价值，比如，故意把产品生产得不合格。

总之，要让员工产生并且保持正能量，就要理顺员工的心，比如，通过我们上面提到的沟通方式。

格物不是格竹子，而是格人心

讲起中国传统文化，"四书五经"自然占有极其重要的地位。而"四书"其中的《大学》就提出了"格物"这个概念。后来，人们在谈心性修养的时候，甚至把"格物"提到了极高的位置。《大学》认为"致知在格物"，让很多人都如堕迷雾。

明代出了一代大儒王阳明，他创立了心学体系，被尊为"立德、立功、立言"三不朽的圣人。

王阳明年轻的时候，学术界非常流行"程朱理学"。为了真切地体验到"格物致知"的感觉，王阳明决定亲自试一试。从那以后，他便盯着院里的竹子看，一看就是七天七夜。结果，一无所获，还生了一场病。之后，他就放弃了"格物"学说，提出了"致良知"学说。

到了近代，西方科学传入中国，我们的学者才或多或少地受到了西方学说的影响。比如，国学大师钱穆就说过，想要格竹子，就要用尺子量量它的长度，过些天再拿尺子量量，看看它长了多少，这就是"格物"。你看，像钱穆这样的大师，也无法免俗！

其实，将古人的"格物"与西方实证科学混为一谈，也是今天人们误解中国传统文化的重要原因。我们认为，王阳明与钱穆的格竹子，显然都是对格物的误会。也就是说，格物可不是那样一个"格"法，而是一个修心的办法。

人类都是自然的孩子，生命理应遵循自然之道。在今天的时代，让生命回归单纯，不但是一种生活艺术，更是一种精神修炼。有这样一个故事：

一位科学家早上起床后，没找到拖鞋，有点生气。可是，他并没有注意到自己在生气，就直接去卫生间洗漱了。结果，生气一直在自己生长：刮胡子，不小心剃须刀掉在了地上；捡起来，不小心又掉了……他的心情糟透了。

可是，他也不能对着剃须刀发脾气，于是便走出卫生间。当他发现自己的孩子没有完成昨天的作业时，就大发雷霆，打了孩子一巴掌。妻子感到莫名其妙，和他争吵起来。科学家摔门而出，开车去上班。结果，他根本就没有到达办公室，因为路上出了车祸。

表面上看，整个事件的起因就是早上没有找到拖鞋。其实，根本不是这样！虽然没有找到拖鞋，但如果当时发现了自己的不良情绪，他就不会生气了，因为任何一个人都不会为了一双拖鞋而生气；剃须刀掉了，如果能观察自己的情况，他也不会生气，因为我们都不会为了一把剃须刀生气；当然，看到孩子没完成作业，也不会直接打他一巴掌。

情绪就像一条蜿蜒而走的河流，一个小念头接着一个小念头，持续不断地往前走。每发生一件事，认真观察自己的情绪变化，及时处理，后面的事情也就不会再发生了；而且，发现得越早，自己的处理能力也就越强。发现得越晚，情绪积累得越厉害。小溪一旦汇聚成大河，力量就会无法阻挡！

从本质上说，人类存在着一种想要从所有信息里理解并整理出一个自己能够了解并且能积极参与的世界，然后再去说明、解释这个世界所有的现象。这样的本能，这种了解与洞彻，我们称为洞察，它是属于理性的、头脑的、思想的。

例如，当身体觉得有些疲倦时，你就会停下来开始"洞察"，寻找可能的原因：也许是两天前感冒还没好；也许是这几天的工作太累了；也许是昨夜没睡好，所以现在感觉有点累。

洞察是一个观照，可以让自己从事件中完全跳开，能够客观地看待这个世界发生的所有事件，甚至包括发生在自己身上的事件。这是一种成熟的智慧，能客观地看待所发生的一切。

自己本身不存在，跳开来看是洞察最明显的一个特征。洞察可以让我们走向生命里最高的智慧。其实，这就是所谓格物，也即格人心的过程。

登东山而小鲁，登泰山而小天下

"孔子登东山而小鲁，登泰山而小天下"，这是孟子的话。表面上是指泰山之高，实际是指人的眼界。只有不断突破视点、超越自我，用超然物外的心境来观看世间的变幻纷扰，才能达到更高的境界。换言之，不同的境界，会看到不同的东西，境界越高，不在话下的东西就越多。

在庄子的文章中，有一篇著名的《说剑》，讲了这样一个故事：

赵文王喜欢剑术，招了3000多名剑客，整天让他们比剑斗武，每年都要死掉上百人。庄子为了劝说他，便说自己也是剑客。

庄子见到赵王后，赵王问庄子，你有什么本事？庄子回答说："我每走十步就能杀死一个人，一直杀了一千里。杀完之后，将衣服一甩，什么事都没有一样就走了。"

赵文王听了，非常高兴。可是，当赵文王让剑客来和庄子用真剑对决时，庄子却说："不要忙着比武，先让我来介绍一下自己的三种剑。"

赵王来了好奇心，说："快给我介绍一下。"

庄子说："这三种剑就是：天子之剑、诸侯之剑、庶人之剑。"

赵王问："天子之剑怎么样？"

庄子说："天子之剑用燕溪、石城做剑锋，以齐国泰山做剑稜，以晋国、魏国做剑刃，以周和宋地做剑环，以韩国、魏国做剑把，以渤海做剑穗，以四夷做剑鞘。把剑拔出来，向上可以劈开浮云，向下可以斩断地根。这就是天子之剑。"

赵文王听了，茫然若失，又问："诸侯之剑怎么样？"

庄子说："诸侯之剑是以豪杰做剑把，以忠圣做剑环，以贤良做剑刃，以清廉做剑棱，以聪明人做剑锋。这把剑一出手，周围小国都会服从，威震四方。这叫做诸侯之剑。"

赵王接着问："庶人之剑又怎么样呢？"

庄子说："庶人之剑是满头乱发，说话粗里粗气，比剑的时候，头盔压得很低，两眼瞪着像死鱼一样。这种剑一出手，上砍敌人的首级，下刺敌人的心脏。和斗鸡差不多，一旦送掉性命，就不能为国家出力了。现在，大王喜欢庶人之剑，太可惜了！"

之后，赵文王连着三个月都没有出宫门，剑士们也只好在自己的住处自刎而死。

其实，作为人来说，每个人的根本智慧之中都有一把"天子之剑"。只是我们总是喜欢用庶人之剑，致使天子之剑被埋没了。

庄子还进过一个浑沌的故事：

南海的帝王名叫倏，北海的帝王名叫忽，中央的帝王名叫浑沌。一天，在浑沌的地方倏和忽相遇，浑沌热情招待了他们。倏和忽决定来报答浑沌的恩情，说："人都有七窍，用来看外界、听声音、吃食物、呼吸空气，只有浑沌没有，让我们试着给他凿出七窍来吧！"于是，倏和忽每天都会替浑沌凿开一窍，到了第七天，七窍都凿开了，但浑沌却死了。

是什么原因导致了浑沌的死亡呢？人的本性是自然和天真的，而后天的污染却通过七窍遮蔽和埋没了这个本性，如此，纯净的本性就会遭到破坏而被埋没甚至死亡。

关于大脑，有一个科学研究的说法是我们只用了大脑的10%。那么，为什么那90%不能用呢？据说就是被我们的妄想执著给封闭了。

当年，释迦牟尼在菩提树下悟道后，说的第一句话是："奇哉，奇哉，一切众生皆具如来智慧德相，但以妄想执著不能证得！"意思是说，众生本来与觉悟了的人没有什么差别，行、住、坐、卧和众生都一样，只不过，他们内心没有妄想，没有执著，智慧是开放的；众生只不过是因为妄想执著而迷失了本心，执妄为真，智慧就会被封闭起来。只有去掉了妄想、断掉了执著，本性智慧才会显现出来！

经营者的最大资产是培育人才

企业是由人组成的集合体，如果想破解"企"字，有一个简单的说法："有人则企，无人则止！"这句话，说明了人才对于企业发展的重要战略意义。成功的企业，通常都能不断地聚集和持续造就高素质人才。

培养人才的结果，就企业来说，可以逐渐增强生产力和竞争力；对员工来说，则能有效提高工作生活质量和人生满意程度。企业不仅生产产品，更生产人才。归根究底，企业的竞争就是人才的竞争，开发人才、培养人才和使用人才，充分发挥人才的积极作用，已经成为摆在每家企业面前的重要课题。

人才是企业最重要的一种无形资产，但是在这一点上，很多中国企业家都感到异常困惑。有些企业家还提出了这样一个问题：

我的市场很好，我的产品很好，我可以做很多事情，但我没有得力的人手来完成这件事，怎么办？

我通常都会给他们这样的答案：招聘和培养人才！

所谓管理，就是让别人帮你完成任务，因此招聘和培养人才也就成了高级管理者最重要的一个任务。当然，在这个过程中，我们可能会面临一个选择：是直接招一些空降兵好，还是从内部培养好？从表面上看，招空降兵的好处显而易见，只要找到合适的人来使用即可，最多就是让猎头公司帮个忙；而自己培养则需要经历一个漫长而无效的过程。但是，我觉得，从公司的长远发展来讲，最好是自己培养人才！

或许，针对某些特殊的岗位、某个特定的时间，可以招聘一两个空降兵进来。但是，千万不要对这些人抱有太大的希望，尤其是在他们刚进入你的公司的时候。因为，来到一个陌生的环境，他们首先要熟悉公司的环境，而这个过程至少要花费一年的时间。也许，到了第二年他才会有一些感觉，知道这个事情该怎么去做。到第三年的时候，他的作用才真正能够发挥出来。可是，大部分企业家或经理人是等不到第三年的。

了解了这一点，可能我们会更加愿意在内部培养一个人，因为从开始工作，到能够独立自主地去做一件事情，需要的时间也是两三年。可是，在这两三年的时间里，培养出来的人肯定是适合你们公司环境的。由此可见，内部培养的人才要比外部的人才更好用。如果希望企业保持长期的发展，就要尽可能地去培养内部人才。比如，宝洁的一个重要原则就是，不从外面招经理人！

当然，这里还会涉及另外一个问题：认为内部人不够格，必须去找外部的人。其实，每个人都有着很大的潜能，只要给他们提供机会，让他们把自己的潜能充分发挥出来，完全可以做成很大的事。西方谚语说："上帝在给一个人任务的时候，通常也会给他一份才能，让他很好地完成他的任务。"千万不要低估了下属的潜能，闭上你的眼睛，给他一个机会，看看他能做出什么。相信，大多数时间，他都会给你创造一个大惊喜！

事实证明，管理者的地位越高，监督、控制、培养人才的任务也就越重。你知道韦尔奇每天都在做什么事情吗？他将自己的大部分时间都用在了监督、控制和培养人才的事情上。当年，他每天都奔走在世界各地，跟各部门的领导谈话，制定目标，监督目标实施的程度，选拔和培养人才。他之所以会亲自为下属授课，主要目的就是培养人才！

稻盛和夫通过阿米巴经营体制来培养人才。他认为：与自己理念相同的团队领导者，即使管不了一个很大的组织，也完全可以做小团体的负责人。另外，可以让他们独立核算，让他们具备领导者的意识。认识到这一点，稻盛和夫便构建了阿米巴经营这一管理会计体系。之后，他对自己公司里的普通人进行了有意识的锤炼，把他们培养成了自己的得力助手、自己的合作伙伴和公司的得力干将。

尤其是对于中小企业来说，背后的靠山太少，管理者更要积极发挥自己的表率作用，付出超越他人的努力，这是引导企业成长发展的必要条件。如果管理者劲头十足、干活麻利，下属就会积极学习模仿，在潜移默化中，同管理者一样能干的人，在公司里就会一个个成长起来。

常言说得好："经商即育人！"要想谋求开展新事业，成败的关键就在于选派什么人去当现场指挥官。为了事业顺利进行，为了培养人才，老板或者总裁可以亲自出征挂帅，去开辟新的据点。出征所带的兵卒，最好选择那些能力较差的、不够成熟的人，带领他们去攻占新的市场。

在这个过程中，原本在本公司不起眼的人、不够活跃的人，就会与老板同甘共苦、一起战斗，从中受到锤炼。这样对培养人才有很大的好处。即使是过去在公司里默默付出的人，也会一下子精神抖擞，干劲倍增，取得成果。

想象一下，领导者挥刀冲锋在战斗的最前线，将敌人一个个砍倒在地，勇猛向前。看着这情景，能力平平的士兵就会手持竹枪，拿起粗劣的武器，气喘吁吁地跟在后面跑。虽然体力不支、装备不佳，但通过这样的实战，他们也能学会打仗、战术、做人，获得成长。攻下一个城堡，也就获得了市场开拓、事业扩展的成功，这样，这些人就不再是默默无闻的人了，他们也会成长为优秀的人才！

第三章

普通人研究表象，大成者直击事物核心

表面上看,经营问题是非常复杂的；其实，其背后隐藏着类似的规律。可是，绝大多数领导者都喜欢处理表面问题，自己每天都很辛苦，却没有效果，轻则贻误发展良机，重则导致企业运营停滞不前，甚至让企业负债累累、面临倒闭。

面对公司发展、团队管理、营销瓶颈、市场突破与布局……公司越做越累，企业发展越大，问题越多，身心疲惫，困惑迷茫，如何才能找到有效的解决办法？方法有两个：一个是外围，一个是核心。普通人都会被表象和外围所困，无法真正找到核心；而大成者，一般都能超越表象，直击事物核心。

眼睛看到的，往往并不一定是真的

很多时候，我们都喜欢通过眼睛去分析事物的表面原因，很少会发掘事情背后的真相，从而妄下断语。其实，眼睛所看到的一切，不一定都是真实的。因为，当我们对一件事做出判断的时候，个人的喜爱、厌恶、是非观念都会对我们的态度起到决定性作用，进而对我们自己的未来产生严重影响。

这里有个著名的冰激凌试验：

工作人员将两杯冰激凌摆在参与者面前，让他们选择。一杯有7盎司，装在一个50毫升的杯子里，看起来满满的，似乎要溢出来。另一杯有8盎司，装在一个100毫升的杯子里，看上去比较少。结果显示，人们都愿意花多点的钱去买那杯只有7盎司的冰激凌。

对一个人、一件事作出判断，内心的情感通常起着非常重要的作用，甚至可以全面左右整个判断结果。这个试验就告诉我们，人们总是习惯以情感去判断眼前的事物，用主观的能动性去断定，也就是非理性。

在商界，也有类似的故事：

一天，麦当劳总裁克罗克到哈佛商学院讲课，他问："同学们，我是做什么的？"

大家大笑起来，说："做快餐的！"

"错！我是做房地产的。"他说，"如果不做房地产，仅仅做快餐，麦当劳早就关门了。"

当然，麦当劳的房地产生意不是一个独立的地产经营项目，而是与快餐密切结合在一起的。

在西方，麦当劳采用了特许经营的方式：首先，认真考察店铺，遇到合适的，就直接租下来，20 年租金不变；然后，吸引加盟商，把店铺租给加盟商，向每个加盟商加收 20% 的租金，租金会根据地产升值的情况有相应的递增。

所以，麦当劳的总裁克罗克认为，自己赚的是地产的钱，而不是快餐的钱。麦当劳采取的是以快餐吆喝、以地产盈利的商业模式，之所以要经营快餐，不仅仅是为了直接盈利，而是为了招租。真正的盈利来源是房地产的增值带来的租金差。麦当劳之所以能够迅速扩张，将市场做到全世界，而且经久不衰，地产现金流才是它的经营核心！

再来看看阿里巴巴。

如今，阿里巴巴已经是地球人都知道的互联网公司。很多人认为，阿里巴巴之所以声名鹊起，是因为抓住了机会。其实，这也只是表面上的一个原因。而更深层次的原因，则是其高超的指导思想。

阿里巴巴各业务的核心指导原则都是："让天下没有难做的生意。"马云要求，销售人员出去时不能只盯着客户口袋里的 5 元钱，要先帮客户把口袋里的 5 元钱变成 50 元钱，再从中拿走 5 元钱。如果客户只有 5 元钱，你把钱拿走了，他就什么都没有了，你就得去寻找新的客户，那是骗钱！客户都穷了，这么还会有阿里巴巴！

其实，这也是马云生意经的鲜明写照。马云之所以会有很多朋友，其中固然有马云的人格魅力，但生意场上的这种价值观也让他得到了不少生意上的伙伴。

美国通用电气公司创始人杰克·韦尔奇曾告诫员工："要想拥有一流的质量水平，仅仅做到产品合格、无瑕疵是远远不够的，必须为客户创造价值，让顾客感受到产品的优良品质。"通用电气为什么能做成百年老店，主要原因就在于，他们能够想用户之所想、急用户之所急，能够充分与客户交流，能够为用户提供最优质的产品和服务。

所谓为客户创造价值，简而言之就是要占据消费者的心！得民心者得天下，经营企业就是经营人心。现代社会，商战的胜利，不在于你占据了多少个商场，而在于你占据了多少消费者的心；企业竞争，与其说是技术竞争、人才竞争、产品竞争、市场竞争，不如说是人心的竞争！

人心，只能顺其自然，而不能忤逆。顺了人心，就能树立起自己的品牌；逆了人心，就会砸掉自己的品牌，就会被客户和消费者抛弃，被市场淘汰！

真理往往埋在井底，很难打捞上来

宋朝大诗人陆游晚年，给儿子传授写诗经验的时候，写了一首叫做《示子遹》的诗：

我初学诗日，但欲工藻绘。

中年始少悟，渐若窥宏大。

怪奇亦间出，如石漱湍濑。

数仞李杜墙，常恨欠领会。

元白才倚门，温李真自郐。

正令笔扛鼎，亦未造三昧。

诗为六艺一，岂用资狡狯？

汝果欲学诗，功夫在诗外。

翻译过来就是：他刚开始做诗时，只知道在辞藻、技巧、形式上下功夫；到中年才发现，这种做法不对，诗歌的创作应该注重内容、意境，应该窥察到一些宏大的境界。他觉得，李白、杜甫的堂奥都有很高的墙壁，自己却没有更深地领会。诗是儒学"六艺"之一，不能被当作笔墨游戏。如果确实要学习写诗，就一定要在诗外的天地多下功夫！这就是"功夫在诗外"的最好解释！我们还可以从日本企业家稻盛和夫身上，一探"功夫在诗外"的端倪。

稻盛和夫并不聪明，初中、高中、大学，考试的时候经常会不及格。他本来想长大后当个医生，可是最后仅仅在一家陶瓷厂找到一份工。

工厂濒临倒闭，发不出工资，员工士气低落，经常用罢工来宣泄。

跟稻盛和夫一起进入工厂的四个大学生都辞职了，只有稻盛和夫留了下来。

稻盛和夫吃住在实验室，不断地想，不断地思考，一次又一次地在头脑中模拟推演，渐渐地，那些开始只出现在梦境里的东西逐渐清晰，最后奇迹发生了：没有知识和技巧，缺乏经验和设备的稻盛和夫，居然搞出了世界领先的发明，工厂有了生机。

京瓷是在 1959 年创立的，经过几十年的发展，取得了不菲的业绩。稻盛和夫是京瓷研发的带头人，工作中他发现，一旦将自己的满腔热情都投入工作，对某个目标产生强烈的渴望，就会在脑海中形成一个意象，这时候身边的任何新现象都会坚定地指向那个意向。这时，智慧之门就会向你敞开。

稻盛和夫不仅感受到了超越现实的想象力，更体察到了创造力产生的真实过程。他觉得，对尽善尽美的追求，决定着一个人和一个公司的未来前景！

在京瓷的团队中，产品研发部的主管是稻盛和夫的大学同学。一次，这个同学带领自己的团队打算研发一种新产品。团队经过几个月的努力，克服重重困难，终于拿出了符合客户要求的产品。但是，稻盛和夫却认为，这跟他心里所想的不一样，于是就否定了这个设计。主管怒气冲天，但依然不得不回去继续研制，历经磨难，终于拿出了完美的产品。

稻盛和夫的体悟，给了我们一个相当重要的启示：当我们对一个目标有着强烈的持续的渴望时，认真思索，很可能会提前清楚地看到那个崭新的结果。相反，如果事先没有出现清晰的意象，就不会出现崭新的成果。

这一点，听起来似乎很神秘，可是稻盛和夫却没有停留在灵感的顿悟上，而是继续深入挖掘，在实践中摸索出一个创造力方程式：

创造力＝能力×热情×思维方式

在这个公式中，"能力"主要是指遗传基因以及后天学到的知识、经验和技能；"热情"是指从事工作时的激情和对成功的渴望等；"思维方式"则指对待工作的心态、精神状态和价值偏好。一个人和一家企业能够取得多大成就，取决于这三个因素的乘积。

其中，能力和热情，取值区间为0～100。因为是乘法，所以即使能力卓越，但缺乏工作热情，也不会有好结果；如果知道自己能力不佳，却能满怀激情地对待人生和工作，也能取得很好的成果。

思维方式的取值范围为−100～＋100。改变思维方式，改变一个人的心智，人生和事业就会出现180度的大改变；有能力、有热情，但思维方式却犯了方向性错误，结果就会完全相反。

这个方程式，不是稻盛和夫用来展示自己理论的平台，而是考察管理者和选聘员工的一个重要标尺。根据这个等式，稻盛和夫既不会用太过聪明的人，也不会聘用一流大学的毕业生，更不会聘用背景资深的人。因为他认为，这些值得人们炫耀的东西，却容易对人们专注做事造成障碍。如果无法将全身的感觉和能量潜藏在细节中，就不会出现持久的热情，更不会出现到位的思维。

稻盛和夫一再强调："我希望人们铭记这个'神秘预言'，人生与心意一致，强烈的意念将以一定的现象表现出来。"这就是稻盛和夫诠释的创造力：只有用极其敏锐的头脑和极其柔软的心，用神经、眼睛、身体、耳朵、嗓音等去全然地觉知，并跟随连续到来的真实，才有可能将那个"神秘预言"抓住！

同样，世间的任何事情，都需要一番"功夫在诗外"的打磨与体悟。孔子说："吾道一以贯之"，意思是说，只要假以时日，一旦功夫到家找到那个"一"，你所钻研的一切都可以豁然贯通，全部把握。

西方有一句谚语："真理往往埋在井底，往往很难打捞上来。"但是，只要找对了方法，下一番功夫，自然可以将真理打捞上来！

大道至简至易，人们却喜欢复杂

今天，有很多人都喜欢研究禅宗。下面，我们就来讲一个关于禅宗的故事。

唐代，在金华山有一位俱胝和尚，他向天龙禅师求问佛法真谛，天龙禅师举起一根手指，俱胝就明白了。

俱胝开悟后，只要有人来询问，他就会举起自己的一根手指，以指示法，终其一生。

寺中有个小沙弥，经常会看到俱胝以指示法，便偷偷模仿。俱胝外出云游的时候，他便代替师父举指回答。

俱胝很快就知道了这件事。一次，俱胝在自己的袖子中藏了一把锋利的刀具，问小沙弥："什么是佛法？"小沙弥立刻举起自己的一根手指。俱胝立刻抽出刀具，将其手指斩断，小沙弥连连喊痛。

俱胝大声问他："什么是佛法？"小沙弥再次举起了那只手，那根手指头已经不见了，心中立刻明白了。

这就是"一指禅"的来历！那么，俱胝和尚和小沙弥从这"一指禅"中到底悟出了什么呢？《论语》有过类似的记载：

孔子问子贡："你以为我是学习了很多，然后才一一记住了学问和道理的吗？"

子贡回答道："我真是这样认为的，难道不是这样的吗？"

孔子说："不是这样啊。我是以一个至简至易的根本道理，从上到下贯通到万事万物的。"孔子也对曾参说过这样的话："吾道一以贯之。"

没错，孔子正是找到了这个"一"，然后才一通百通的。正如俱胝和尚和小沙弥，他们也是找到了这个"一"，然后才一通百通的。古今中外的演说大家，也是在一定高度上找到了这个"一"，然后才成就了其三寸不烂之舌的。

其实，这个"一"不在外面，而就在我们的先天本性里。正是后天的污染遮盖了我们的本性，所以需要我们除去这些蒙尘与污垢，这就是修心养性的过程，也是我们直指人心提升境界的过程。

在《孟子》中，有段关于孟子与齐宣王交往的记载：

在孟子和齐宣王交往的那段时间里，孟子总是诱导齐宣王实行王道。

有一天，坐在朝堂上的齐宣王，看到一个仆人拉着一头牛从门前走过。齐宣王来了兴趣，急忙喝止了他。他走下朝堂，来到门口，看了看这头牛。

这头牛看起来似乎很害怕，浑身发抖。齐宣王问："你们这是要去干什么？"仆人回答说："我们要将这头牛拉去宰杀，然后用牛血祭钟。"

齐宣王看着牛，想到它马上就要没命了，心中生出了一点点善意。于是，就让仆人将这头牛放了，用一只羊去代替。

很快，这件事就被孟子知道了。孟子对齐宣王说："齐国的老百姓都认为齐王您是个吝啬的人！"听了这话，齐王感到很委屈："我是出于同情心才放了那头牛的！"

孟子就笑着说："那你为什么不同情那只羊呢？它也冤枉啊！"齐宣王不知道说什么好。但是，他确实是因为同情才放了那头牛的。牛比羊个头大，老百姓会认为他吝啬了。他搞不明白了：这到底是怎么回事呢？

孟子说："没关系，这正体现了您的仁爱之道啊！因为您只见到了牛，而没有见到羊。一个有仁爱之心的人，对于禽兽，看到它们活着，就不忍心看着它们死去；听到它们鸣叫，自然就不忍心吃它们的肉。所以，仁爱之人一般都不会接近厨房！"

听了孟子的话，齐宣王很高兴，说："《诗经》说：'别人有什么心思，我能揣测出。'说的先生您吧？我自己都这样做了，但又不知道为何要这样做。倒是经您老人家这么一说，我的心便豁然开朗了。"

孟子为什么如此厉害？因为他比齐宣王自己更懂得他的心，因为孟子首先搞明白了自己这颗心。老子说："反者道之动，弱者道之用。"意思就是，将自己的目光从寻找外界的问题返回到寻找自己的问题上，从对物欲的追求返璞归真，让那些强大的执著之心渐渐弱化下来，就可以回归先天本性了。

他还说过："吾道甚易知，甚易行，而人莫能知，莫能行。"意思是，我所讲的道理非常容易理解，也非常容易做到，而人们却听不明白，也不去做。古圣先贤关于追求人生真谛的教导可谓俯拾皆是，可是却被今天的我们放到了脑后，不知其所以然了。

提高人生境界的办法，就是行有不得，反求诸己！当我们和别人发生不愉快的事情的时候，首先就要想想，自己是否有问题。

一天，有个人请一群客人吃西瓜。客人吃好，离开。他看到，家中的地板上到处都是西瓜汁的污渍，很难收拾。他愣了一下，坐下来想，咦！我请的客人怎么都这样啊！一点礼貌都没有。

后来，他又想到，唉！算了，反正吃亏就是占便宜，忍耐可以提高心性……只要记住，下次请客时，请他们吃其他水果，不就行了……现在赶快来整理吧！

收拾屋子的时候，他又想到：是自己没有考虑周全，如果提前铺好报纸、摆好桌椅，再把西瓜端出来，他们就不会吃得满地都是了，下次改进吧！

打扫完毕，休息的时候，他又想到：把西瓜切成一大片一大片的，客人只能用双手拿着啃，才会……下次，应该先去皮，切成刚好的大小，按人数一盘盘分好，再端出去，大家用叉子吃，籽就可以吐在盘子里了。

后来，他还想到：其实，只要我在厨房里花点功夫，将西瓜打成汁，人手一杯，不用垫报纸，也不用吐籽，更方便……哎呀！要是我早这样想到就好啦！

想想看，如果你是这个故事中的主人，会有哪种想法呢？如果将西瓜换成生活中或情感上的任何一种重要物品，答案是否会随之改变呢？其实，只要拥有一颗故事中待客主人般自省的心，在矛盾发生的当下，向内思考深层的问题，我们的心也会被磨炼得更加无私无垢，保持恒久的透亮。如此，就会智慧大开，看明白世间的诸多问题。

爬横着的梯子，再努力也攀不了高

当今时代，是一个知识爆炸、信息爆炸的时代，科学技术日新月异，新知识、新成果纷纷涌现。数据显示，近30年来人类所积累的科学知识，占有史以来积累的科学知识总量的90%；而之前的几千年中所积累的科学知识只占10%。

英国技术预测专家詹姆斯·马丁的测算结果也表明了同样的趋势：在19世纪，人类知识每50年翻一番；20世纪初，人类知识每10年翻一番；20世纪70年代，人类知识每5年翻一番；到了近10年，人类知识大约每3年翻一番。

国内也有专家认为，不仅知识量在飞速增长，而且知识更新的速度也越来越快，知识倍增的周期越来越短：20世纪60年代，知识倍增的周期是8年；20世纪70年代，知识倍增的周期6年；20世纪80年代，知识倍增的周期是3年；20世纪90年代以后，知识倍增的周期是1年增长1倍……人类真正进入了知识爆炸的时代！

当今世界，信息和知识的增加、更新、换代异常频繁。为了提高自己的知识水平，大多数人都要靠信息的获取。因此，在知识经济和信息社会中，新型人才必须具有很强的信息获取、信息分析和信息加工能力，如果不能以最有效的方法做到这一点，就不能在最短的时间里利用这些信息，也就无法适应社会经济发展的需要了。

彼德·圣吉《第五项修炼》的风靡，让学习之风吹遍天下，众多培训机构和产业如雨后春笋般发展壮大起来。在一些大城市，到了周末，很多老板、经理人及各类专业人员都会成为学员，到处听课。很多工薪白领为了更好地规划自己的职业生涯，都在努力获取证照、文凭。学习，在国内的一些现代发达城市已成为一种风尚。

如今，"学习是创新应变"的道理念已经深入人心。如何建立学习型组织，也成了很多老板和职业经理人挂在嘴边的词语，大家似乎在比谁学得快。因为《第五项修炼》中特别强调：在飞速变化和更新的信息时代，要想比别人、比其他企业更有竞争力，就得比别人学得更快，先学习者肯定先受益！

在这种理念的推动下，我们确实受益颇多。可是，随着学习理念的普及，问题也逐渐暴露出来。首先，学得多，学得快，消化吸收能力却较弱，学习能力和效率比较较低；其次，学习的理念和理论体系很多，但在企业实际变革时却无法学以致用，反而将企业搞乱了；再次，模糊了知识和能力的概念，认为知识就是能力，出现了很多"高知低能"学员；最后，到处听课，到处学习，投入的成本越来越高。

现代社会的发展异常迅速，任何人都不可能花费大量的时间在学习上，因此必须找到一种既经济又高效的学习方法和教育方法。其实，在信息时代、知识经济时代，我们并不缺乏知识，也不缺少学习，真正缺少的是消化吸收能力、解码能力、融通能力和深度分析能力，而所有的这一切都要归结于我们的思维能力！

庄子在《养生主》的开头指出："吾生也有涯，而知也无涯。以有涯随无涯，殆已。"意思是，我们的生命是有限度的，而世间的学问知识是无穷尽的，拿有限度的生命去追求无穷尽的知识，我们就完了。把这段话用在我们今天这个时代，那可是再恰当不过了。

庄子是反对学习知识吗？以他那样的文化水平，肯定不会反对人们求知学习。那他到底是什么意思呢？其实，他是反对我们这种学习方式。打比方说，世间的学问知识就好比横放在地面上的梯子，如果我们的目标是登高，那么爬这个横放的梯子，爬多远也实现不了自己的目的。所以，为了登高，就要找到那个竖起来的梯子。

　　庄子给出的学习方法，就是修心。扩展开讲，中国传统文化的根本精神，其实都属于修心文化，道家如此，佛家如此，儒家也是如此。

　　总之，只有先把这颗心修好了，我们才会站在很高的人生境界上看问题，才能够在知识爆炸时代把握正确的学习方向，学习到正确的知识与技能。

"闻道"的档次：上士、中士与下士

越是在人心浮躁、利欲熏心的时代，越能凸显传统文化智慧的熠熠光芒。时至今日，已经有更多的人认识到了诸如老子《道德经》等古籍经典的不朽价值，而且也在努力钻研，身体力行。当然，也有些人认为《道德经》是老古董，世易时移，已经不值一提。

其实，老子在《道德经》中不仅告诉了我们返璞归真、寻求人生智慧的真谛，还预见了人们对于这个真谛的不同态度："上士闻道，勤而行之；中士闻道，若存若亡；下士闻道，大笑之。不笑不足以为道。"意思是说，上士一旦听闻了大道，就要勤奋践行，精进不停；普通人是学也行，不学也行，想起来就看看，想不起来就算了；而作为下士，听说学道会哈哈大笑，说这些都是封建迷信！

孔子还说："中人以上，可以语上也；中人以下，不可以语上也。"意思是说，水平中等以上的人，可以给他们讲一些高深的道理；水平中等以下的人，就不要给他们讲什么高深的道理了。可见，古代圣贤对于人类认知能力的看法，基本上都是一样的。

既然如此，那么我们究竟要做上士还是中士，抑或是下士？这都得由自己说了算。

当然，做学问与修道是两码事，不可同日而语。老子说过："为学日益，为道日损。"意思是说，做学问应该一天比一天增长见识，而修道则应该一天比一天减少执著心。其实，修道也是人生的一门大学问。

学问，是靠知识、读书、经验，一点点慢慢累积起来的。今天懂一点，明天再懂一点，后天又懂一点……之后才会有大的收获。做学问，需要慢慢累积，不能一步登天。

学问是一点点累积起来的，越学越多。而修道是把所有的知识学问以及心中所有，慢慢地减少。所以，学问是加法，修道是减法，二者正好相反！

通常，学道的人都是在做加法。虽然大家都知道要做减法，可是在方法上却都是在做加法。有些人学道，抱有功利目的；对世间的事情感到失意了、失败了、看不惯了、感到不合适了，就跑来修道。心中想，在这方面实现了超越，就可以跑到太空去玩了……这种思想就带有一定的功利性。

人是自然之子，生命理应遵循自然之道。在今天的时代，让生命回归单纯，不仅是一种生活艺术，更是一种精神修炼。古语说得好："不失赤子之心！"在名利场上折腾的人，是听不到自己的生命声音的，自然也就听不到灵魂的声音。

从本质上来说，人活得就是一个价值观，不同的价值观会造就不同的人生。对于人类来说，最宝贵的只有两种东西：一是生命，二是灵魂。老天给了我们每个人一条命、一颗心，只要把它们安顿好，人生就是圆满的。所谓把命照看好、把心安顿好，就是要保持生命的纯净，珍惜平凡的生活；要积累灵魂的财富，注重内在生活。这两种生活都过好了，生命的整体品质自然就提高了！

其实，在心中的最深处，始终都隐藏着另一个自己。这个自己，不骄不躁，不卑不亢，不为世俗的诱惑低头，只为心中的所爱坚持付出。古时候，为了追求精神上独一无二的富足，大多数能人异士都注重炼心。这样的充实，来的更丰富、更踏实。想想看，如今社会对于金钱、地位的崇拜，真的是内心所属？还是被世俗遮住了双眼？

一切的浮华终将会成为过眼云烟，追求内心的本真，会让我们找到那份最真的快乐。找到内心的本真，就可以找到宁静，我们就可以更深地思考自己、思考人生、思考未来。保持这份宁静，既可以让我们更专注地完成某项事情，也能让我们摆脱那份浮华的负担，与最真的自己实现交流。

当然，只有心灵安定宁静的人，才能享受到这种高情雅致。这是一种超脱世俗的幸福，不以物使，不为物役！要想完美自己的人生，就要做一些减法，减去心灵上的沉重负担，减去奢侈的欲望，减去毫无价值的身外之物。

做好人生的减法，既是一种智慧，也是一种境界。老子曰："祸莫大于不知足，咎莫大于欲得。"月盈则亏，过犹不及，懂得并身体力行人生减法的人，就会踏入人生的另一种境界。人生的减法，既不是保守退让，也不是消极避世，更不是无所作为，而是一种大智慧、大境界！

但是，请不要误会，做减法并不是要在物质上失去什么东西。如果你家里有的是钱，你的床都是用金子垫起来的，但是你却将它们看得很淡，并没有患得患失的想法，自然就会心生快乐。是的，不论你有多少钱，有多高的地位，多了不起的身份，都不能将其放弃或者扔掉。不将这些事情当回事，在心里放下，其实就是修心！

心里放下的东西多了，人生的境界就上来了，智慧也会显现。在这里，我们所讲的，也不过是这么一点事而已！

战略先对了，才有必要考虑战术

作为决策者，不仅要考虑战术问题，还要预先对整体的战略格局进行认真思考。也就是说，企业决策者首先要考虑的是战略问题，其次才是战术问题。

在"二战"期间，日本偷袭了珍珠港，有力地打击了美国太平洋舰队。从战术上看，这确实是日本的一次胜利。但是，珍珠港事件爆发后，美国参与到二战中，给日本造成了严重的威胁，加速了日本的败亡。因此，从战略的角度看，偷袭显然是愚蠢的！

中国有个典故叫做"南辕北辙"，日本偷袭珍珠港其实就是战略与战术上的南辕北辙。有句话说："不要假装用肢体勤奋掩盖思维懒惰，那将导致最可怕的结果：瞎忙！"针对上面的例子，我们也可以说：用战术的勤奋来掩盖战略的错误，只会导致可怕的结果！经营企业，只有保持正确的方向，才能将事情做好、做完善。

1965 年，一位韩国学生到剑桥大学主修心理学。喝下午茶的时候，他经常会到学校的咖啡厅或茶座听成功人士聊天，比如诺贝尔奖获得者、某一领域的学术权威、创造了经济神话的人……这些人幽默风趣，都把自己的成功看得非常自然。

一段时间之后，这个学生突然意识到，他被国内的一些成功人士骗了。那些人为了让正在创业的人知难而退，纷纷夸大了自己的创业艰辛。也就是说，他们在用自己的成功经历吓唬那些还没有取得成功的人。

作为一名心理系的学生，他认为很有必要对韩国成功人士的心态加以研究。之后，他便开始了努力，终于在 1970 年完成了自己的论文《成功并不像你想象的那么难》，提交给现代经济心理学的创始人威尔·布雷登教授。

布雷登教授阅读完，感到非常震惊。他认为，这个新发现虽然在世界各地普遍存在，但还没有人敢大胆地提出来并加以研究。紧接着，布雷登就将这篇论文发给了自己的剑桥校友——韩国总统朴正熙。因为他知道，这部著作一定会对国家政令产生震动。

这本书从一个全新的角度告诉人们，成功与"劳其筋骨，饿其体肤"、"三更灯火五更鸡"等没有必然的联系。只要你对某一事业有着浓厚的兴趣，长久地坚持下去，就会成功……很多人受到这本书的鼓舞，这位青年也获得了成功，成为韩国泛业汽车公司的总裁。

其实，做企业同样如此！不能像现在的一些企业家那样，心浮气躁，急功近利，梦想一夜暴富。只要是战略正确，再辅之以正确的具体战术，企业经营管理就没有不成功的。

关于坚持正确的战略方向，古代就有这样的例证：

汉惠帝刘盈即位后，看到丞相曹参一天到晚都请人喝酒聊天，好像根本就没有用心为他治理国家，感到很纳闷，又想不到其中的原因，就认为曹相国嫌他太年轻，看不起他，不愿意辅佐他。

这天，曹参发现了惠帝的疑虑，就对惠帝说："请陛下好好想想，您跟先帝比起来，谁更贤明英武？"惠帝立刻回答说："我怎么能和先帝相提并论呢？"

曹参又问："那么，你觉得，我的德才跟萧何相国比起来，谁更强？"汉惠帝笑着说："我觉得，你好像比不上萧相国。"

曹参接过惠帝的话，说："陛下说得非常正确。既然您觉得自己的贤能不如先帝，我的德才又比不上萧相国，那么，先帝与萧相国统一天下后，就陆续制定了许多法令，执行得又都卓有成效，难道我们还能制定出超过他们的法令规章吗？"接着，他又诚恳地对惠帝说："现在，陛下是守业，而不是创业，作为大臣，我们更应该遵照先帝遗愿，认真做事。已经制定的法令规章，就不要乱加改动了，只能遵照执行。照章办事，不是很好吗？"

汉惠帝听了曹参的解释后，说："我明白了，你不用再说了！"

曹参任丞相一共三年，期间一直都主张清静无为、不扰民，遵照萧何制定好的法规治理国家，西汉政治稳定、经济发展，人民的生活逐渐提高。曹参去世后，百姓为了称颂他，甚至还编了一首歌谣："萧何定法律，明白又整齐；曹参接任后，遵守不偏离。施政贵清静，百姓心欢喜。"

这就是历史上有名的"萧规曹随"！

诚然，企业存在的主观目的当然是赚钱，这是毋庸置疑的。问题是，企业凭什么赚钱？

从客观上来说，企业之所以能够赚钱，是因为企业的价值得到了有效实现，社会因为需求得到了满足而给予回报。可见，企业赚钱其实只是结果，而不是过程，甚至不是目的。企业经营的过程和目的应该是获得自身价值的实现，有效满足社会需要。

企业要想获得盈利，就要做好两件事：第一，创造出能满足社会某种需求的产品和服务；第二，在创造价值的活动和过程中实现较高的效率或较低的成本。从这个意义上讲，企业的意义、价值应该是创造价值、提高效率、降低成本。实现了这个目标，盈利也就成了企业活动的必然结果。如此，盈利也就不再是企业的目的，而是企业有效活动的结果！

第四章

驾驭情绪，而非被情绪所驾驭

我们已经说过，人是感情动物，而不是机器。这样一来，就产生了这样一个问题：是人控制感情，还是人被感情控制？

当然，感情与情绪有其美好的一面，但也有其可怕的一面。一旦让情绪完全控制了自己，后果就非常严重了。那些一直以来表面上波澜不惊的好人，某一天突然情绪失控，甚至可能做出令所有人吃惊的可怕事情来。

人，很容易因为一些鸡毛蒜皮的小事坏了心情；也会因为事情的杂乱无章而大发脾气；还会因为环境的因素怨天尤人。很多时候，我们败给的是自己的情绪，而非能力。一个人，能够在多大程度上控制住自己的情绪，也就有多大机会获得成就。可以说，在社会这所大学里，情商比智商更重要！

其实，所谓经营裂变的核心，就是人心能量的裂变。而人心能量的裂变，最起码的要求就是我们能够驾驭情绪，而非被情绪所驾驭。真正成熟的人都懂得怎样去驾驭自己的情绪，不成熟的人反而会被情绪驾驭。当然，能够驾驭情绪的人，就已经很了不起了。

世界很中性，我们的心很极端

我们生活的这个世界，除去我们人类的主观情感，毫无疑问属于中性状态。正是因为人类在认知世界的过程中加入了强烈的主观情感，我们眼中和心中的这个世界才成了一个"客观＋主观"的世界。所以说，强调认识世界，倒不如首先强调认识我们自己。

"认识你自己"，相传是刻在德尔斐的阿波罗神庙的箴言，千百万年来，人们一直都在朝着这个方向努力。认知心理学研究给人们提供了这样一个方向，了解这些认知力偏差，会帮助我们更好地认识自己。

对于人类来说，思考是件很奇妙的事！不幸的是，我们的认知并不完美，有时也会在潜意识里制造出一些判断偏差。下面就给读者罗列几个认知偏差，可能大家或多或少都有一点。

第一个偏差：安慰剂效应。

所谓"安慰剂效应"是指，一些一点作用都没有的东西，一旦被人相信有疗效，就会产生积极的作用。这一效应较多地被使用在医学上。比如，一位患有疾病的患者，在不知情的情况下吃了一片糖片，病情就得到了改善。

其实，直到今天，安慰剂依然是个科学谜题。有些理论说，安慰剂可以产生"期望效应"，病患希望糖片可以治愈他们的疾病，所以会自我感觉已被治愈。但是，这样无法解释无效药片是如何减轻病症的。

第二个偏差：承诺升级。

所谓"承诺升级"是指，人们对已经失败的事情继续坚持。人们不断地做出抉择，但总会有失手的时候。当然，从逻辑上来说，我们应当改变那些失败的决策并试着从反方向入手。但是，个人不仅会自我强迫继续坚持选择，还会进一步投入——因为他已经投入成本了。

举个例子，为了做生意，你将自己半辈子的积蓄都投了进去。6个月后，事实证明，这个生意必将亏本。从逻辑上来说，这时候你就应该缩减损失并终止生意，但由于已经注入了半辈子的积蓄，为了让生意运转起来，你会坚持将其进行到底，并投入更多的资金。

第三个偏差：双曲贴现。

所谓"双曲贴现"是指，人们宁可要金额较小的眼前酬劳，也不要金额较大的日后报酬。很多研究都是关于决策的，一个决策的过程会受到很多因素的影响。有趣的是，在二选一的抉择中，时间的延迟就是一个重要因素。

举例来说，大多数人宁可今天获取20美元，也不会选一年后获取100美元。一笔钱，现在取比未来取更赚，因为同一美元今天比明天更有价值。

第四个偏差：感应抵抗。

所谓"感应抵抗"指的是，为了获得自由，你会试图逆着人家的意愿做事。这种效应，会怂恿你跟束缚自己自主选择的行为对着干，这种情况较多地出现在叛逆期的青少年身上。反抗权威的行为，都是感应抵抗。

举个例子，让某人（尤其是孩子）去做一些他不想做的事情，他们就会产生叛逆心，偏不做你想让他做的事。

第五个偏差：羊群心理。

所谓"羊群心理"是指，放弃自我意见而随大流，以此来增加安全感、防止冲突。羊群心理揭示了时尚之所以流行的原因。服饰、汽车、嗜好、风格等都能得到群体的共鸣，并引发时尚潮流。

举个例子，有些事情看上很普通，甚至根本和流行搭不上边，但依然受到热捧，比如跳伞裤、宠物石、胭脂鱼、锥形胸罩、扎染织物、海猴等。

第六个偏差：成见效应。

所谓"成见效应"是指，只看到一个人某种不好的行为，就推测全貌，形成一种总体看法。这种偏见，经常会出现在对职员的表现评估中。

举个例子，下属连续迟到了三天，上司看到后，就会认为，这个下属是个懒惰并对工作不关心的人。其实，下属迟到的原因可能有很多种，比如车坏了、保姆没及时赶到、遇上了坏天气、堵车了、给他人帮忙等。

第七个偏差：自验预言。

所谓"自验预言"是指，自己用行为来应验自认为会出现的结果。一个自验预言是由其自身使其成真的。

举个例子，某人认为自己肯定会学习得一塌糊涂，于是就减少了自己在作业和功课上的努力，结果确实和他自认为的一样，学习变得很糟糕。

第八个偏差：幻想性错觉。

所谓"幻想性错觉"是指，遇到随机的图像或声音时，人们就会下意识地认为其有着非凡的意义。看到白云的形状，会联想到小兔等各种动物；听到声音响起，就会认为来了短信……这些都是幻想性错觉。刺激物本身是客观中立的，没有任何暗示性意义，这些意义都是观测者自己的主观想象而已。

举个例子，罗夏墨迹测试，利用幻想性错觉来深挖人的精神状态。测试者看到一些模糊不清的图片后，要描述出所看到的事物。然后，通过对测试者回应的分析，发掘出测试者内在的想法。

第九个偏差：反应机能。

所谓"反应机能"是指，人们意识到自己被他人注意和观察时表现出的异常行为。

为了了解照明度的改变能否影响到工人的工作效率，设备制造公司霍桑制业委托研究者进行了研究，结果显示：改变照明亮度居然能大大提高工作效率！可是，研究结束后，工人的生产效率又恢复到了平常水准。因为，工人的工作效率并不是随着照明亮度而变化的，而是随着他人的关注度而变化的。

第十个偏差：赌徒谬论。

所谓"赌徒谬论"是指，相信未来某事发生的概率会因过去的事件所改变，但其实都是信口开河。必然概率是不会改变的，投出一枚硬币，正面朝上的概率永远都是 50％，即使你已经连续投出 10 次背面朝上，下次投出正面的概率依然是 50％，不会增大或缩小。

这些认知偏差是不是很有趣？

此外，人类关于世界上人、事、物及其他方面的认知，无不受到主观感情的影响。也就是说，作为一个常人，我们的所有认知几乎都带有一定的主观色彩。为什么有的人会做出极端的事情？就是因为他的认知是极端的。当然，没有做出很极端的事情，也并不能说明我们的认知不极端，只不过是我们与那些极端的人相比较，不是很极端罢了。

几乎人人都是情绪的奴隶

古希腊时期，在斯巴达城邦，有个常胜将军叫佩雷斯列，他勇猛矫健，善于打仗，建立了很多功勋。

有一次，佩雷斯列不小心进入了雅典军队的埋伏圈，不幸被捕。可是，佩雷斯列在被抓之前，匆忙换上了普通士兵的军服，雅典人查看了很多次，都不能从战俘中认出他。

为了尽快找出这位常胜将军，雅典人使用了很多办法。为了让俘虏供出自己的将军，他们一会儿用高官厚禄诱惑，一会儿又酷刑拷打。可是，斯巴达士兵都很忠勇，这些招儿毫无作用。

雅典将军很着急，叫嚷着要杀死所有俘虏。这时候，一个谋士急忙出来劝阻，说："这可不行！失去理智，一怒之下杀掉所有俘虏，斯巴达人知道后，一定会进行报复，就会将过去俘虏的雅典人统统杀掉。我有一个办法，可以让佩雷斯列自己主动站出来。"

第二天，谋士将所有的战俘都赶到了广场上。战俘集中起来后，他冲着大家大声嚷道："你们这些人真不幸！真可悲！怎么就跟了佩雷斯列这样的混蛋？你们将军非常愚蠢，不仅不会打仗，还胆小如鼠。他简直就是你们斯巴达人的耻辱！佩雷斯列，你还有脸穿着军服站在斯巴达士兵中间吗？哈哈，真滑稽！这样的人竟然还穿着军服！"

斯巴达士兵们并不知道雅典人究竟要玩什么花样，但依然保持着平静。虽然雅典谋士唾沫四溅，但他们依然无动于衷。接着，谋士越骂越凶，不但把佩雷斯列骂得体无完肤，言辞更加不堪入耳。

佩雷斯列站在人群中，气得涨红了脸。突然，他站出队伍，冲着谋士大喊一声："王八蛋！你在骂谁呢？老子要杀了你！"谋士看到了站起来的俘虏，兴奋地指挥雅典士兵："抓住他！他就是佩雷斯列！"雅典士兵一拥而上，捉住了怒气冲天的佩雷斯列。

之后，雅典人对佩雷斯列将军进行了毫无人性的折磨，致使其双目失明。一天，佩雷斯列将军疑惑地问这名雅典谋士："你怎么知道你那样叫骂，就一定能让我站出来？"

谋士狡黠地一笑，说："据我了解，你在斯巴达战功显赫，一直被人捧着、宠着，早就养成了自大自满、目空一切的性格，哪里还受得了别人的指责、羞辱？只要我不断地'骂'下去，你早晚都会暴跳如雷，要和我对骂！"

我们都是情绪的奴隶，常常被其禁锢、折磨，甚至被它击败。可是，对一般人来说，我们的情绪究竟是什么？就是一种习气。喜欢的，就迷恋；不喜欢的，就排斥。满意了，就高兴；不满意了，就开始发脾气……这些都属于习气。对于常人来说，我们都会受到这种习气的驱使，都成了习气的奴隶，从来都没有战胜过习气。

伊斯兰教里有这样一个故事：

一天，阿訇在一个树林里修行，在一棵大树底下打坐。这时，国王带着自己的警卫部队到森林里狩猎。国王搭弓射箭，射中了一只鹿。鹿负了伤，就开始踉踉跄跄地逃命。跑到阿訇身边时，鹿身体不支倒了下去，眼泪汪汪地看着阿訇。阿訇动了恻隐之心，就把鹿一拉，把长袍往上一盖，然后继续打坐。

这时，一个大将军先赶了过来，一看，鹿不见了，只有一个老头在那里打坐，于是没礼貌地问："哎，老头，看到那只鹿了没有？"阿訇闭着眼睛，理都不理他，继续打坐。

这个大将军吼了好几声，看到阿訇不理他，火冒三丈。哗！他拔出宝剑，大声说："我宰了你！"于是，便气势汹汹地打算下马，来杀阿訇。

阿訇把眼睛睁开了，冷静地盯着大将军。气势很不凡，把大将军看得心里发毛，不由自主地就走到他身边，站住了，问："你干什么？到底是什么人？"

阿訇微微一笑，说："我是什么人？你们的国王是我的奴隶的奴隶，你说我是什么人？"

大将军一听："啊，这是什么人？我们家国王是他的奴隶的奴隶？"之后，就愣在了那里。

正在这个时候，国王也赶了过来。国王一听也感到很纳闷，我什么时候成了他奴隶的奴隶啦？国王感到很好奇，也从马上下来，问："哎，这老头，你得把道理说出来。你如果能说出个门道来，还好说。如果讲不出来，你可能就没命了。"

阿訇说："我以前跟你一样，也是一个国家的国王。虽然我是国王，可以征服所有的部落，但是我征服不了自己内心的欲望和习气，我感到很痛苦……我成了欲望和习气的奴隶，永远打不过它。后来，我遇到一个阿訇，他教我如何修行。现在，通过长时间的修行，我终于战胜了自己的欲望和习气，成了欲望和习气的主人，得到了自在与解脱。可是，您现在的状况恰恰是我当年的状况啊！现在，你为了满足自己的口腹之欲，为了一时的快乐，连一只鹿都不放过，你是不是欲望和习气的奴隶呢？"

国王一听，觉得有道理，说："是啊！"

阿訇问："那我说，你是我奴隶的奴隶，难道不可以吗？"

国王一听："有道理！"于是，立刻拜这个阿訇为国师，然后跟他修道。

国王如此，我们又何尝不是如此？我们不也是情绪的奴隶吗？

驾驭不了情绪，就驾驭不了命运

生活中，每个人都会遇到各种不如意的事情，义愤填膺、情绪暴躁，只会将事情搞得越来越糟；控制住自己的不良情绪，神情如常地面对各种刁难，生活就会如意很多。

要想驾驭自己的情绪，就要学会调动自己积极的情绪，控制自己消极的情绪。事实证明，能调动情绪的人，生活会更有效率，更容易获得满足，更能运用自己的智能获取丰硕的成果；反之，不能驾驭自己情感的人，内心就会陷入激烈的冲突，就会削弱了本应集中于工作的实际能力和思考能力，工作效率也会大大减弱。

心理学家把情绪分为两种：积极情绪和消极情绪。积极的情绪包括乐观、兴奋、宽容、随和等，消极情绪则包括愤怒、狂喜、悲痛、忧愁、郁闷、恐惧等。他们认为，积极的情绪不仅可以使我们享受到生活的乐趣，还能促进人际关系的和谐、促进工作效率的提高，甚至对事业的成功都大有裨益。而消极的情绪则与之相反，不仅会让我们感到生活压抑、人生不如意，还会让我们的人际关系紧张，使工作效率下降，对事业发展起一定的阻碍作用。

心理医学专家认为，消极情绪不仅会给工作、学习、生活等带来诸多负面影响，还会危害到人们的健康。大多数不良情绪都跟心理问题及疾病有着密切的关系。过度的情绪反应，会对大脑皮层的高级智力活动产生抑制作用，打破大脑皮层的兴奋和抑制平衡，使人的意识范围变得狭窄，削弱判断力和自制力；还可能使人神志不清、行为失常。持久性的消极情绪，会使人的大脑机能严重失调，出现诸如焦虑症、抑郁症、强迫症、神经衰弱等病症。

此外，不良情绪还会严重损害人的生理健康。在我国古代医学中，很早就有了关于不良情绪影响人的生理功能的论述，如"内伤七情""喜伤心，怒伤肝，忧伤肺，思伤脾，恐伤肾"等。翻译过来就是：不良情绪会影响消化系统功能，会造成心血管机能紊乱，会影响内分泌系统，会损害免疫系统，会引起肌肉收缩甚至引发痉挛疼痛。

为了更好地适应企业发展，取得成功，我们必须学会调动自己的情绪，理智客观地处理所有问题。只有能够成熟地调控自己情绪的人，才能走向成功。能调动情绪，就能调动一切！

善于了解自己情绪的人，通常都能谐调或顺应他人的情感基调，能够将他人的情绪纳入自己的主航道。这样的交往和沟通，必然会一帆风顺。

高情商者，一般都有着较强的自省能力。他们善于聆听自己内在的声音，容易将自己的情绪调节到最佳状态，并能用流利的语言将自己的情感表达出来。与人交往时，他们也更能顺畅地与人沟通。

良好的沟通是建立在情商之上的！情商高的人，通常都能敏锐地对自我的情绪表达进行有效监控，会灵活地应对他人的反应，不断调整自己的社会表演。

知己知彼，百战不殆！良好的沟通必须从了解自我开始。只有了解了自己的感觉和情绪，才能摆正自己的位置，沟通过程才能扬长避短。

了解自己的情绪变化情况。在沟通中，要知道什么是触动你某种情感的诱因，尤其是最强烈的感觉被触动时，是什么让你受到了激发？只要了解了这些诱因，就能对沟通中发生的各种情况进行妥当处理；当你知道是什么使你处于良好的状态时，就能进入与他人的沟通中，继而在交谈时受到激励。

了解自己的情绪，能够让我们更好地了解他人的情绪。因此，一定要学会换位思考。工作中，如果因为某件事发生了冲突，就要设想：如果自己正处于那个位置，你会感觉如何？了解了自己的感受，才能更好地了解别人的感受；做好自己的主人，才能做好别人的主人！

强有力的领袖人物、富于感染力的艺术家，通常都能通过这样的方式引导成千上万人与自己同醉同痴。如果你是一位管理者，了解了自己的情绪，就可以对照自己，了解到：是什么使属下持续地坚持下去、能够感到高兴？如果你是销售部门的工作人员，了解了自己的情绪，就可以去寻找顾客；当他们对你的产品感兴趣时，就可以确认他们的需要。

在感情的驱使下，人们看问题的时候往往做不到客观。带有情绪，自然就会忽略对方的想法，导致沟通失败。要能了解和控制自己的情绪，即使对方有些蛮不讲理，也不能气恼不止，应冷静应对，必要时还要以不变应万变。

不了解自己的情绪，多半都是不成功的情商低能儿。虽然拥有很高的智力，虽然能以较高的效率开展自己的工作，可是依然无法参照自己的情绪反应，了解他人会有何种感觉。对其他人的工作十分挑剔，不帮助他们，不关心他们，只会用冷酷的态度来教训他们，而不是尝试沟通。这样，人们就会认为他是一个冷酷的人，并回避他；还可能用各种负面词语来描述他，例如，自私、冷漠、不关心人等。然而，这些描述可能都是错误的，因为这个人可能只是缺乏情绪智商而已！一旦清楚地确认了自己的感觉，就可以很容易地了解其他人的感觉了。研究表明，用开放的态度来处理信息会更准确！

过去，企业老板一般都很少面带微笑，有时人们甚至可以通过一个人的笑容多寡来判别他的身份地位。因为，在阶级组织中的地位越高，面带微笑的表情就越少。今天，拥有高情绪智商的老板，则会展现出和蔼可亲的形象。他们更像是一个优秀的沟通者，一个热诚、关心他人的人，同时他也很受大家的欢迎，具有绝佳的领导魅力。

　　拥有高情绪智商的人，不仅知道如何与他人和睦相处，还能轻松地适应不同的个人风格。此外，他们还有着较强的适应性，当情况发生变化时，会及时做出调整。

　　在大多数情况下，高情商者在开口说话之前，都会先了解自己，然后积极倾听。如果有需要，他们就会提高说服力，给人一种值得信任的感觉，并知道该如何去做。

　　高情商的人，就像是成功的政治家，能够使自己周围的人感受到自己受到了重视和支持，不论是个人还是集体，都会散发出些许的热情和赞许。

强者的胸怀都是委屈撑大的

马云曾说："男人的胸怀是委屈撑大的，多一点委屈，少一些脾气你会更快乐。""男人的胸怀是委屈撑大的，受的委屈越多，胸怀越大。"其实，何止是男人，女人同样如此！

一天，一粒沙粒进入了蚌的身体，蚌觉得很不舒服，但又无法把沙粒排出来；可是，蚌没有气馁，而是慢慢地用体内营养把沙包围了起来。经过多年的积累，这沙粒就变成了美丽的珍珠。

无独有偶！

这天，一只吸血蝙蝠叮在一匹野马的脚上吸血。野马感到很不舒服，但又无法将它立刻赶走，于是就暴跳狂奔起来。结果，很多野马都被活活累死了。研究发现，吸血蝙蝠所吸的血量非常少，根本不会致野马死去，野马的死因就是暴怒和狂奔。

人生中，不如意事十之八九。遇到不如意的事情，就要多想想蚌和野马。

很多时候，大家只看到企业家眼下的财富和头顶的光环，根本不会想到这些光环和财富背后隐藏了多少委屈。可以说，功成名就的大企业家，没有一个不是一路受着委屈才有了后来的成就。曾宪梓就是其中一位！

曾宪梓是金利来集团的董事局主席，1997年香港回归，他获得了香港最高荣誉奖章——大紫荆勋章。就是这样的一位大企业家，在商界叱咤风云、被后辈众多企业家视为榜样，在创业的过程中也没少受委屈。

在开始创业的时候，曾宪梓每天都会走街串巷地兜售领带。有一天，下午两点的时候，他走进一家店，准备推销。当时，店老板正在和他人谈事。曾宪梓进门的时候，可能打扰了人家，老板不耐烦地说："做什么的？出去，一身臭汗！"

香港夏天本来就热，再赶上正好是下午最热的时候，曾宪梓自然已经满身是汗了。遭到这样的冷遇，曾宪梓只好退了出去。他觉得很委屈，自尊心受到很大的伤害，但是并没有打退堂鼓，没有打算放弃这份营生。

回家之后，曾宪梓认真思考：为什么对方对我的态度那么不好？是不是对方正在谈事，我打扰了人家，才让人家发那么大的火？

第二天同样的时间，曾宪梓在这家店旁边的茶室叫好了茶。然后，他跑到那家店找到那位老板，先对昨天的事表示道歉，然后请老板喝下午茶。老板一时没有想起来昨天发生了什么事，感到很莫名其妙。沟通之后，老板认为曾宪梓还不错，就让他留了几条领带在店里卖。

领带虽然没有品牌，但是做工不错，价格也不高，所以卖得还行。后来，这家店就一直卖曾宪梓的领带，曾宪梓和老板也成了朋友。

成功者常说：让自己停止烦躁，学会适应一切逆境！逆境是成功的阶梯，痛苦和委屈是人生最宝贵的经历。成功者的心胸和格局都是被痛苦和委屈撑大的！

能够承受苦难和委屈的人，必然拥有博大的胸怀。在生活中，有些人经常会因为一些鸡毛蒜皮的小事与朋友或同事斤斤计较。他们从来都不允许自己受一点委屈，受了委屈，就会耿耿于怀，念念不忘。这样的人是很难成就什么大事业的。因为他的胸怀里装的都是琐碎的事情，经常会因小失大。

一个人，有多大的胸怀，就能做多大的事！可是，博大宽广的胸怀，既不是天生就有的，也不是一个早上就能得来的。它是知识、智慧、人格、品德、情操等的产物，需要陶冶、磨砺、滋润和追求，是一种生活给予和回报生活的良性循环。

星云大师说得好："任何事情，总有答案。与其烦恼，不如学会接受，人的心是被委屈撑大的，当许多的不满都能咽进肚子时，你的心不知不觉就大了，心若能容下不满与委屈，哪还有痛苦和伤害？"站在委屈的上面，也就从委屈中解脱了。这种境界，自然不是一般人能够相比的！

情绪爆发点，正是人生修炼时

在《三国演义》里，孔明三气周瑜，硬是把周瑜气死了。周瑜度量小，不知人外有人天外有天，如果他的心胸能够宽广一点，就不会出现这样的结果了。

每个人都有情绪爆发点，情绪爆发点来临的时侯，很多人都控制不住。但即使这样，也不能视有情绪为天经地义。简而言之，就算全世界的人都杀人放火了，也不能证明杀人放火是正确的事情。

圣贤的说法是："所谓修身在正其心者，身有所忿懥则不得其正，有所恐惧则不得其正，有所好乐则不得其正，有所忧患则不得其正。"意思是说，所谓修身，就是端正自己的心，一旦出现了种种情绪，喜、怒、忧、思、悲、恐、惊等，心就会被情绪所左右，就无法端正了。如果无法控制恐惧、好乐、忧患等情绪，它们就会成为你的弱点，就容易被人利用，被环境所左右。

有鉴于此，我们就应该将自己的情绪修养好。按照《中庸》的说法："喜怒哀乐之未发谓之中，发而皆中节谓之和。"喜怒哀乐尚未发动的状态就是中的状态，发动出来都能恰到好处就是和的状态。也就是说，修养情绪的最佳状态是修没了情绪，其次是有情绪但是能够恰到好处，无过无不及。

那么，具体如何修养呢？那就是，一旦出现了恼人的情绪，就要积极地知道事实、面对事实、处理事实，然后把它放下。简而言之：面对它、接受它、处理它、放下它！

在我们的一生中，会遇到很多不公平的事，都需要我们接受；生活，难免会遇到逆境，一味地逃避，根本解决不了问题，只有将责任承担起来，才能从困扰中获得解脱。

面对它。就是告诉自己，任何事物、现象的发生，都有一定的原因。既不用追究原因，也不用追究道理，不断地面对它、改善它，这才是最关键的！出现了问题，一味地逃避，并不能阻止它出现；只有坦然应对，才能将其当作一种应对处理危机的锻炼、一种让自己成长的助力。不要害怕承担做错的后果，要努力从中累积人生的经验。不做鸵鸟，直面人生，面对是幸福的第一步。

接受它。就是勇敢地接受。在问题发生后，很多人都无法接受这个令人失望而意外的结果。但是，人生本来就是一连串的起伏波折，得失是很平常的事。我们不可能永远都处在顺境之中，遭遇逆境时，勇敢接受也是一种智慧。

处理它。就是做出改善。因果必须配合因缘，对于任何不好的情况，如果能够积极改善它，就要主动改善；如果不能改善，也不要失望，继续努力，下次一定还有成功的机会。

放下它。就是扔下这个包袱。过去的事情已经过去，条理井然也罢，一塌糊涂也罢，终究都要归零。现实早已重新启动，你还恋恋不舍、耿耿于怀，纠结在心里，何苦？

修养的最高境界，在于放下！能做到这一点，就会对周围的事物生起同情心与尊敬心，比如，同情人家是凡夫俗子，尊敬人家也有独立的人格。无论遭遇任何状况，都不会认为它是一件了不得的事。如果已经知道可能会发生什么不如意的事，最好能让它不发生；如果它一定要发生，担心也是自寻烦恼！担心、忧虑不仅帮不了你，还可能使情况变得更糟糕。只有积极面对、主动放下，才是最好的办法！

对待感情问题，最好用理智来处理；对待家族问题，最好用伦理来处理。即使发生了不得了的大事，也要用时间来化解、淡化。敢于面对、接受，就等于是在处理；既然已经处理了，也就不必再担心，应该放下了。该睡觉时睡觉，该吃饭时吃饭，该怎样生活就怎样生活。

放不下自己，是没有智慧；放不下别人，是没有慈悲。要放自己一马，也要放别人一马，不要把生命浪费在钻牛角尖上。生命之路很长、很宽，塞翁失马，焉知非福？

佛家观点认为，人类都是有情的众生，既然有情，就会有情绪。情有很多种。

第一种是情感。

这里所谓的情感，指的是与亲人，或与自己有关系的人和事物之间，因为喜欢或不喜欢而产生的感情现象。情感虽然比不上情操那样高尚，但是如果没有情感，那就成了植物或矿物。只不过，情感是自私的，是以自我的喜怒哀乐为依据的，既可以是善的，也可以是恶的；而情操却是非常清净、非常和平、非常稳定的。

第二种是情绪。

情绪来自于情感，当情感不能宣泄、满足时，心里就会产生冲击和困扰，就会产生情绪。情绪如同暴风雨中的海浪，既没有理性、规律，波动还非常厉害。只不过有的人波动很大，有的人波动不大而已。习惯情绪用事的人比情感用事的人更糟糕，也非常可怕，不但会给自己带来困扰，还会让别人敬而远之。因此，面对问题，最好不要随便动情绪！

所谓智慧，无关生智，局外生慧

如今，很多人都将"智慧"与"聪明"混为一谈，认为聪明就是智慧。他们认为，有些谋略或老谋深算的人，就是有智慧的人。可是，从严格意义上来说，智慧与聪明并不是一回事，二者有着本质的区别。

聪明，聪者，耳灵也；明者，目清也。人耳听得清、看得明，都是人体器官功能较好所致，可以进一步引申为大脑反应快，比较灵活机动。

而智慧，智通知，就是知道、明白、明了。在中国字里，慧与会通，指的是领悟到、知道、明了天地间的真理所在。这就是智慧。

古圣先贤认为，真正有智慧的人，一般都知道宇宙、天地和万事万物的运动发展规律。可以说是上知古今、下知地理，知过去、晓未来。而聪明却是一种形而下的东西，聪明的人不一定懂得事物最本质的东西，只不过是在一些浅层次上反应比较快而已，不会符合更高的法则。

在中国传统的哲学思想中，事物的源头就是"体"；事物的运行变化发展规律，就是"用"。拥有智慧的人，一般都知道事物的起源，即源头。正因为明白了事物的起源，明白了事物发展变化的本质，因此也就知道事物如何起源、如何运行变化。

那么，如何获得智慧呢？进入无关和局外，无关生智，局外生慧。

怎样才能进入无关和进入局外？核心点就是要找到乐，以此为乐。找到快乐的人，就可以享受人生的一切；凡是不快乐的人，会觉得一切都是负担。唯一的办法，就是迷恋上自己所做的事。只有将自己从人中解脱出来，才不会被自己的感情和欲望影响，判断才会正确。

一旦进入了局外状态，智慧自然就会显现。如果跟某件事无关，立刻就会生起经营这件事的智。例如，医生给自己的孩子做手术会下不了手，为什么，因为缺少了智慧！不同的人生，会显现不同的存在。显现啥，你就是啥，比如仁爱、梦想、生命力和感恩，这也是成就大师的条件。

对于企业老板来说，如果想具备经营企业的智，就必须慢慢把企业变得与自己无关，如马云、任正非、张瑞敏、柳传志等。认为企业是你的，就得整天围着员工转；觉得企业是大家的，大家都会围着你转。那么，如何才能做到跟企业无关呢？

我们为何要做企业？一个是钱，一个是获得尊重。那么，究竟是钱多到成为负担好？还是够获得自由好？把企业变成自己的，会获得别人的尊重；还是把企业变成大家的，会获得尊重？让钱进入自己的口袋，还是进入别人的口袋？……只有将这些问题都搞明白了，才能成为自由人，才能获得别人的敬仰。

所谓局外生慧，就是只要站在局外，立刻就会生出经营此局的慧。例如，四个人打麻将，四家牌谁赢谁输，站在局外的你立刻就能知道。所以，要想提高企业的运作效率，老板就要在局外，让各部门之间循环往复。再如，离开中国，回看中国，就会发现中国的问题：一是人多，二是假。又如，站在动植物的世界回看人的世界，就全明白了。

真的！努力后，你就会发现，自己要比想象的优秀很多！明白了这些道理，我们就可以说：

不能吃亏，是一种聪明；愿意吃亏，是一种智慧；

拿得起，是聪明；放得下，是智慧；

聪明的人，知识多；智慧的人，文化广；

聪明的人，会保全眼前；智慧的人，看重长远；

聪明依赖于耳眼，耳聪目明；智慧靠的是心，慧由心生；

聪明是一种能力，智慧是一种境界；

聪明来自遗传，智慧来自不停地修炼；

聪明的人，十个当中有一个；智慧的人，百人里面也只有一个。

……

放下各种各样的执著心！无论做什么事都要全力以赴，而且也能够全力以赴！

第五章

小老板研究小节，大老板研究机制

每个创业者都想成为大老板，都想建立自己的企业帝国，都想实现自己的梦想。可是，很多人都会中途退场，只有很少的人能够将企业带入良性发展阶段。差距为何这样大？

如果今天的你依然是小老板，依然没有做强做大，只能说明，你的心智模式和处理经营管理问题的方式有偏差。大老板和小老板的思维模式和经营行为迥然不同，比如小老板喜欢研究小节，大老板则注重研究机制，因此，同样是做生意，效率和结果就会千差万别。

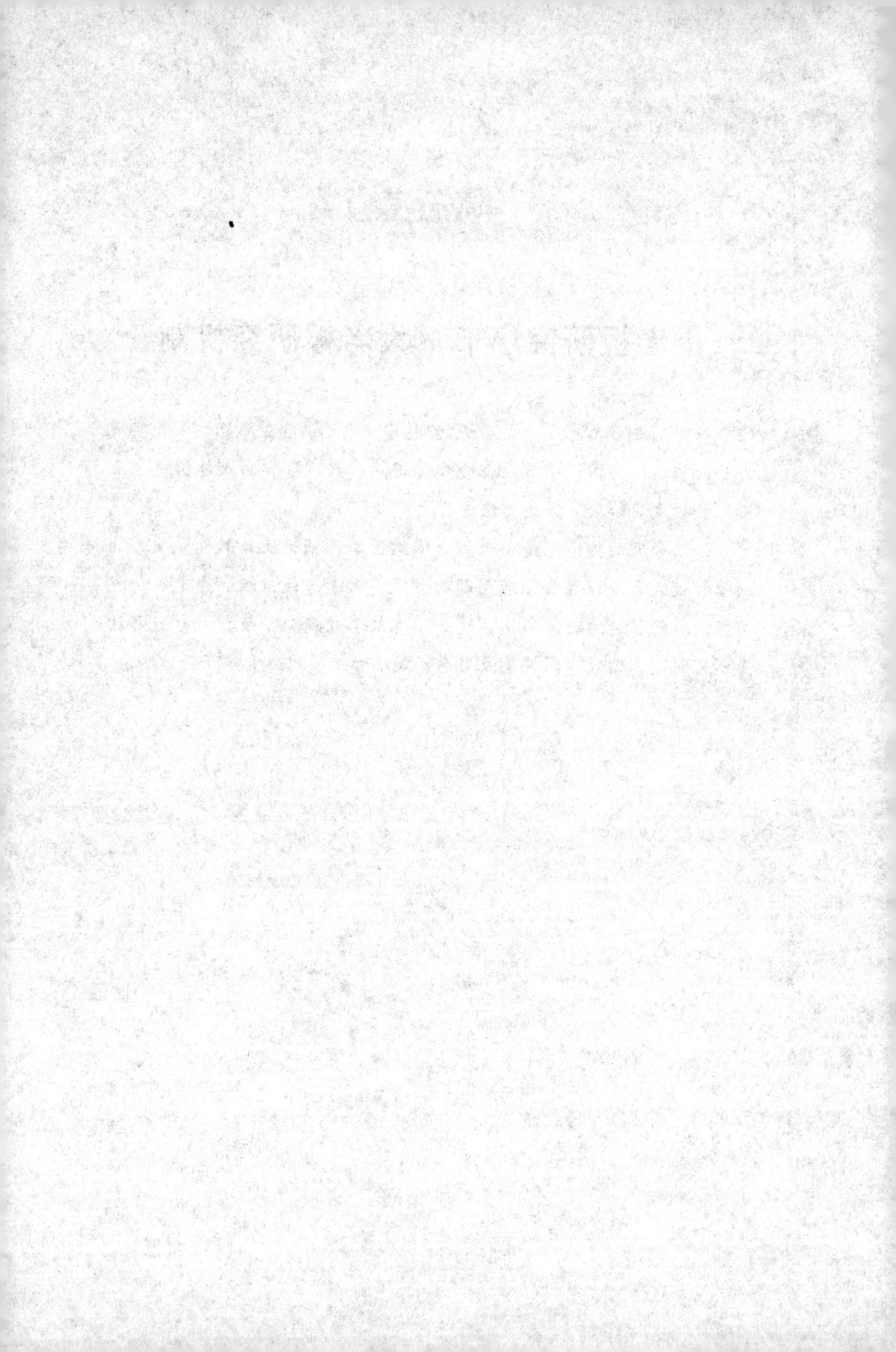

不谋全局者不能谋一域

古语说得好："不谋全局者，不足以谋一域；不谋万世者，不足以谋一时。"这句话的意思是说，一个人，如果不从全局的角度来谋划，就无法在某一领域取得成就；不从长远的利益出发去考虑问题，就不能筹划好一时之事。

比如，投资。很多人经常会问这样一个问题：投资到底能不能赚钱？其实，投资就像开车，既然是开车，那就谁都不敢保证不会出事；但是，只要我们遵守交通规则，不喝酒开车，不违反交通规则，系好安全带，控制好风险，就可以将事故的发生率降至最低，甚至不发生。

投资中的盈亏就像坐过山车，有高峰，也有低谷，无论目前是好是坏，都只是暂时的，不必把盈亏看得那么重要。行情就是一个大舞台，不是所有的故事都可以陈述，而是需要某种信念来激励和约束。

聪明的人都会战胜别人，智慧的人都会战胜自己。若要提高心性，首先就要净心。投资的时候，要用慧眼远眺。古人云：不积跬步无以至千里！千里之行始于足下，大海虽然浩瀚，也是由无数个小水滴组成的。要稳健投资之道，千万不要想着一夜暴富，积小胜为大胜，才是正确的投资心态。

作为一家企业，要想获得好的发展，就要有一个清晰的定位与愿景。

联想电脑在开始成立的时候就决定成为中国第一电脑品牌，于是各类人才纷纷加入。结果，2013 年联想电脑销售量世界第一，成为全球最大的 PC 生产厂商。

阿里巴巴打出的旗号是"让天下没有难做的生意",凭借"客户第一、员工第二、股东第三"的公司定位,成为中国乃至全球第一互联网公司。

吉姆·柯林斯的《基业长青》,对野心勃勃的企业家说过这样一段话:"一个高瞻远瞩的公司,应该有着务实的理想主义,这是一种超越利润之上的追求,但绝非空想。这样长青的基业,有着冷静的头脑,有追求进步的驱动,有刺激进步的强大机能。领袖们创造了胆大包天的目标,也创造了教派般的文化。它们永不满足,优胜劣汰;它们协调一致,玩火但绝不自焚……"

无论你是企业投资者还是经营管理者,要想让企业获得长远的发展,首先就要对企业组织有全方位、深刻、清晰的认识。定位不清,愿景不明,公司肯定办不好,路也走不远。同时,还要有能力吸引有抱负的英才加盟到你的事业中来!要想让公司发展长盛不衰、基业长青,就要设定一个胆大包天的目标,促使大家团结起来,激发团队的力量。

领导力包括两方面的内容:一个是权力的运用能力,一个是非权力的影响力。对于现代企业的经营与管理来说,领导力修炼的结果就是企业的最终命运。作为企业老总,可以通过以下几个方面来修炼自己的领导力。

一是摆正内心。

心是根本。心决定了一个人的品格和态度。要想有所成就,首先就要拥有一颗正心。要态度坚定,不骄不躁;在工作中,要站在团队利益的一边,用包容豁达之心去接纳团队的每一员。

二是确立正确的目标。

道是方向,明道的过程,就是以正确的价值观和人生观树立人生目标的过程。

三是修养身心。

一切以"修身"为开始。在变化多端的环境中，自我认知、自我反思是个频繁的惯性动作，只有不断地在工作中发现自己的不足并加以改善，才能散发出人格魅力，对员工和下属产生更大的影响力。

所谓"不谋全局者不足谋一域"，如今的市场风云变幻，只有"定其心、观其势、谋定而后动，不乱于心，不困于情，运筹帷幄"，才能取得最终的胜利。在我们的一生中，可能会遇到很多美好的东西，但只要好好把握其中之一，就足够了。

不见泰山注注因为一叶障目

有一句谚语说："再大的烙饼，也大不过烙它的锅！"意思就是，你可以烙出大饼来，但是烙出的饼再大，也要受到那口锅的限制。我们所希望的未来就像这张大饼一样，能否烙出满意的"大饼"，完全取决于烙它的那口"锅"。这就是，格局！

一位家庭妇女很喜欢显摆，一天她买了一件新衣服，又来跟邻居显摆。结果却发现，邻居也买了同样的衣服，人家还比她少花了20元钱。连着几天，她都感到很不舒服。

显然，这位家庭主妇的格局就值20元钱！

有一个乞丐，每天都要到街上乞讨。看到路上衣着光鲜的人，他毫无感觉，却非常嫉妒比自己乞讨得多的乞丐。

我估计，这个人一辈子也只能当乞丐了。

有个人出门溜达，看到三个工人在工地上砌墙，便问他们在干吗？第一个人瞧了他一眼，没好气地说："砌墙！你没长眼睛？"

此人又走到第二个人面前，问了同样的问题。第二个人呵呵一笑，说："我们在盖一幢高楼。"

最后，他来到第三个人面前。第三个人笑容满面地说："我们正在建一座新城市。"

时间一晃而过，10年后第一个人仍在砌墙，第二个人成了工程师，第三个人则成了前两个人的老板。

什么是格局？所谓格局，指的就是一个人的眼光、胸襟、胆识等心理要素的内在布局。发展受限，就是因为格局太小。要想谋求大事，就要布大局。对于人生这盘棋来说，首先要学习的不是技巧，而是布局。以大视角切入人生，才能站得更高、看得更远、做得更大；掌控了大格局，也就掌控了局势。

格局大，未来之路才会更宽！如果把人生当作一盘棋，那么人生的结局就是由这盘棋的格局决定的。想要赢得人生这盘棋，就要把握棋局。各种棋招就像是人生中的每一次博弈，只有拥有先予后取的度量、站在统筹全局的高度、具备运筹帷幄的气势，才能获胜！

今天，知识更新的速度已经很快，我们每天都在刷新自己的知识结构，但同时还要尽量酝酿一种大胸怀。因为，大境界的人，才能有大胸怀；大格局的人，才能有大作为！

在《史记》中，刘邦从来都没有赢过项羽，但最后当了皇帝的却是刘邦，而不是项羽。刘邦之所以能在楚汉相争中取胜，登上王位，并不是因为他的文才武略有多厉害，而是他是个有大格局的人，领导艺术比项羽高明很多！

刘邦打败项羽后，在酒席上问功臣："我为什么能战胜项羽？项羽为什么会失败？"两个人站起来，说了这样一段话："陛下带领着我们攻城略地，得到了什么好东西，都会和下属分享。项羽妒忌贤能，加害有功劳的人，怀疑贤能的人，即使打了胜仗，也不跟大家分享……因此，也就失了天下。"

刘邦有个特点，所有的战利品，一定会和有功之臣分享。刘邦非常大方，打下江山之后，说封就封，利益共享。但项羽则完全相反！加害有功劳的人，怀疑贤能的人，因此失掉了江山。刘邦很大方，人们自然就愿意跟着他。

同样，在团队管理中，下面的人为什么愿意跟着你？就是希望你能够照顾到他们的利益和需求，不给就不是好领导，给了就是好领导。他们有这种想法并没有错！下面，我们就通过刘邦任用陈平的例子，来看看刘邦是怎么成功做好领导的。

陈平原来是项羽的手下，后来在项羽那儿待不下去，便跑到刘邦这里来。刘邦跟他聊了一晚上，觉得他脑子灵活，分析问题非常到位，有见识，长得也挺帅。刘邦还让陈平做参乘，就是领导的副驾座。

看到这里，跟刘邦从沛县一起打出来的老兄弟就有些不开心了："我们跟了你这么多年，从来没有享受过这种待遇，新来的一个年轻人，而且还是从项羽那儿叛变过来的，就让他坐你的副驾座。为了他而得罪我们，值得吗？而且，陈平还利用职权索贿受贿……"

刘邦听了，便把陈平叫来痛骂了一顿，说："这件事，你有没有做过？"陈平解释说："我为什么要索贿受贿？我是光屁股来找你的，武人靠抢，我没有这个机会，不接受他人的金银，拿什么来见你？如果你觉得我的智慧有用，就留下我；如果觉得我没有，我就走。贪污的钱我一分没动，封起来上交给你，我就离开！"

听完陈平的辩解后，刘邦先后做了三件事情：道歉、厚赐、拜为护军中尉。

刘邦道歉。刘邦没有做错什么，为什么要道歉？这里有个大学问。引进一个人才，你要用他，但你还不知道他能否生存下去。刘邦是个识时务的人，他反思自己的责任，引进了一个智囊，结果人家却要依靠贪污受贿维持生计，只能说明自己的体制和机制有问题。这一点值得我们学习，属下犯错，立刻找自己的问题在哪里。

厚赐。他之所以要给陈平一大笔钱，首先是弥补过错，但是也给他敲了警钟：贪污受贿不对，我给你一大笔钱，缺钱可以找我，但不要坏了我的规矩。在批评对方的时候，又给了对方台阶。

拜护军中尉。这件事是做给老将看的，什么意思？告诉他们，不要闹了，这个人我用定了，你们再闹也没有用。其实，这就是刘邦的视野。一旦确定了目标，任何无关的东西，都不会影响目标格局。

最后，我们来看一下项羽。项羽平时也经常会给手下一些小恩小惠，可是，如果有人立了战功、该封爵赏赐了，侯爵的印都刻好了，人家跪在下面，项羽却还要将自己的手放在印上摸来摸去，舍不得给，手下能感到舒服吗？项羽在战场上非常勇猛厉害，很会打仗，但是当了领导的他，并不务实。

　　通过上面的比较，我们就可以知道，刘邦之所以能够坐稳天下的原因了。在平时的工作中，领导职位越高，生意做得越大，越要把自己卸下来，如此，才能领导团队大步前进，取得更高的成就、更多的成绩。

好机制，即使是坏人也能变好

相信很多人都知道这样一句名言："好的制度能让坏人干不了坏事，不好的制度能让好人变坏！"其实，好的机制也可以使坏人变好，这不是危言耸听。

据说，盗墓的时候一般都需要两个人。将洞打好后，两人分工合作。一人下去取珠宝玉器，一人在上面用绳子拉上来。可是，开始的时候，有些在上面拉绳的人见财起意，获得了宝贝，就不管下面的伙伴了。于是，盗墓团伙大多数都是父子。可是，后来也发生了儿子扔下亲爹的事。最后形成了行规：儿子下去取货，老爹在上面拉绳子。

如果将此看作制度建设的鼻祖，那么我们也可以以贼为师！

18 世纪末期，英国政府实行移民政策，决定把有罪的英国人统统发配到澳洲，对澳洲进行开发。当时，一些私人船主承包了运送犯人的工作，英国政府根据上船的犯人数给船主支付费用。

为了牟取暴利，船主就会尽可能地多装人。只要船一离开了岸，船主就会按人数拿到政府支付的钱，对于这些人能否远涉重洋到达澳洲就不管了。有些船主为了降低费用，故意断水断食，结果很少有人能够平安到达澳洲。

英国政府发现了这个问题，想了很多办法，但是情况依然没有好转。后来，一位英国议员终于意识到，是私人船主钻了制度的空子，而制度的缺陷就在于，政府给船主的报酬是以上船人数来计算的。之后，政府进行了制度改革：以上岸的人数为准计算报酬。不论在英国上船了多少人，都要到上岸的时候才会清点人数、支付报酬。

制度改变了，问题也就迎刃而解。政府再也不用派专员监督了，也不用派随船医生，船主会主动请医生跟船，在船上准备大量药品，犯人的生活也大大改善。因为船主们都明白，多一个人到达澳洲，收入就会多一份。结果，实行了这个办法后，死亡率降到了1%以下。

设计合理的企业制度设计会极大地调动人才的积极性，激发出他们的潜能；制度不合理，不仅无法实现人尽其才，还可能压制人才，甚至造成人才流失。这就是制度的魔力所在！

很多人都认为，一个人在同一个地方摔倒两次，就是笨蛋；两个人在同一个地方各摔一跤，就是两个笨蛋。其实，遇到这类事件，人们的第一反应应该是：是谁修了一条这么容易让人摔跤的路？如果有人摔跤，可能是个人的原因；如果有人在同一地方重复出错，或者多人在同一个地方总是出问题，那肯定就有问题了。

员工工作偷懒，不一定是员工有惰性，很可能是因为现行的规章制度给员工提供了偷懒的机会；

如果员工不求上进，不一定是他不积极、不思进取，很可能是因为企业的激励措施不得力；

如果员工经常加班到很晚，不一定是他懂得奉献，很可能是因为他没有掌握正确的工作方法；

如果公司经常出现扯皮现象，不一定是员工喜欢推卸责任，很可能是因为职责划分不够细致……

只有确立了好的制度，才不会为好人创造变坏的机会！没有制度是异常危险的！

当然，合理的组织制度，必然是授权与监督同时存在。既相信你的能力，又怀疑你的本性，就要用制度来激发你性格中天使的一面，用制度来威慑你恶魔的一面。如果只有前者，再好的制度也会毁于一旦；如果只有后一种，那就是暴政，也无法长久存在。只有将二者结合起来，才会保证组织制度的健康良性发展。

人的欲望是无限的，本性的好坏也随时变化，只有明晰名分之下的责权利，确立一套监督制度，才能人尽其能，才会创造一个和谐的环境。

从分粥机制看正能量的启动

众所周知，东方文化强调人性本善，所以注重道德教化；而西方文化则强调人类的原罪，所以注重制度建设。其实，东方文化也是讲制度建设的。

有个著名的分粥故事：

7个和尚住在一间没有香火的破庙里，为了维持生计，他们开荒种地。和尚们早出晚归，每天早上都会煮上一锅粥，晚上回来再吃。一天只吃一顿，因此大家都想多吃点。可是，他们既没有尺子，也没有量杯，更没有秤，于是为了解决吃饭问题，他们决定设计一定的制度——如何公平地分食一锅粥。

大家动用自己的脑筋，最终想出了各种方法。

方法一：让一名信得过的人负责分粥。可是时间长了，大家发现，分粥的人会给自己的碗里倒更多的粥，每个人都是这样。最后，大家认为这种方式，不仅无法解决现有的问题，还会将"好人"变成"坏人"，于是废除了这一滋生腐化的制度。

方法二：选举一名正派的人主持分粥，再选举一名威望高的人来监督。开始的时候，还比较公平，但后来分粥人与监督人展开了合作，两人得到的粥最多，制度再次失败。

方法三：选举一个四人分粥委员会和一个三人监督委员会，实行民主制。可是，按照这种制度，只有所有人都到齐时才能分粥，而且每个人的眼光又不同，免不了一番争吵。时间匆匆而过，结果即使粥分得同样多，也都是凉的，效率太低。

方法四：每人一天，轮流坐庄主持分粥。这种方法看起来似乎很公平，但第一天，分粥的人就将一锅粥都倒进了自己嘴里，肚皮都撑破了，其他人只能眼巴巴地看着流口水。众人反对，这一制度也行不通。

方法五：对于分粥，每个人均有一票否决权。这种方法看似公平，可施行的时候，大家都傻眼了：粥都发霉、发臭了，依然无法吃到嘴里。

方法六：分粥的人最后领粥。由于分粥的人和第一个领粥的人都是固定的，时间一长，两人便私下达成默契：分粥的人把第一个碗倒得满满的，其他人都只能得到一点。分完粥后，他再悄悄地找第一个领粥的人均回来。

方法七：分粥和领粥都随机抓阄，分粥的人最后一个领粥。结果，7只碗里的粥都同样多。因为每个分粥的人都明白，如果7只碗里的粥有多有少，他必然会享用那份最少的，而且很难找别人匀回来。

看了这个故事，可以发现，分粥者最大的资源并不是粥，而粥只是表面的资源，也是最靠不住的资源。分粥者最大的资源是设计制度，采用不同的制度，就会产生不同的结果，分粥者定然会设计一个最优的结果。在这里，粥只是一个载体，一旦确定了公平的分粥制度，自然就懂得如何给大家分东西了。

设定不同的制度，在制度出台后，就会形成不同的企业风气。好的管理制度，通常都会在实际运用的过程中经过不断的修订与创新，使其合理实用、清晰高效，既有利于操作，又能体现效果的公平性。由此可见，适用的制度是根据企业的实际需要制定出来的，而不是仿照别人生搬硬套制造出来的。既要体现民主化、公正性，具有很强的针对性和适用性，还要体现出奖惩分明的绩效原则，如此，才能提高全体人员的积极性和创造性。

分粥理论给我们的另一个启示就是，要想确立一套好的制度，就要跳出传统的思维模式、积极寻找新的解决办法。事实证明，对领导者来说，一套好的机制远比自己事必躬亲要有效得多。如分粥一样，很多事情不是没有办法解决，而是我们一时还没有想到。

不同的制度能孕育不同的人性，采用不同的制度，好人和坏人都可以发生质的改变。监督严格，品格低下的人也就不会再恣意妄为了，即使是品行不端的人也会去做有利于公众的事；缺少监督或监督松懈，即使是好人，看到利益也可能会占为己有。

管理的真谛在"理"而不在"管"！管理者的主要职责就是，建立一套合理的游戏规则，让员工按照游戏规则进行自我管理。当然，这样的游戏规则既要兼顾公司和个人利益，还要将个人和公司的整体利益统一起来。

责任、权力和利益是管理平台的重要因素，缺一不可。缺乏责任，就容易产生腐败，进而衰退；缺乏权利，执行就变成废纸；缺乏利益，员工的积极性就无法提起来，就会消极怠工。只有把责、权、利等平台搭建好，员工才能让自己的价值最大化。

企业是一个有机系统，建立有利于企业发展的制度是异常重要的。制度决定着企业的竞争力，这个制度并不是老板的个人想法，而是融合了所有参与经营管理的全体员工的意志，使企业对外有竞争力，对内公平、公正、公开，能者上、庸者下！

最高的忠诚就是忠诚于大局

《鸿门宴》中有这样一段话："大行不顾细谨，大礼不辞小让。"意思是说，做大事的时候，不用顾虑细枝末节；行大礼，不必计较小的谦让。做人也应如此！只有懂得取舍，才能成就大事。古往今来，很多取得辉煌成绩的人，都懂得取舍，不拘小节。

现实存在的事物，一般都包含着多种矛盾，我们不可能全面顾及，只有善于把握事物的主要矛盾和矛盾的主要方面，不拘泥于小节，才能将自己的大部分精力都投入到解决主要矛盾及矛盾的主要方面中去，才能减少小事的阻碍，才能更快地获得成功。

首先，人的精力是有限的！如果想成就大的事业，就要将自己的精力集中在该领域，真正做到心无旁骛。如果整天为了小事费尽心思，将自己的精力和时间过度地投放到一些非原则的琐事上，定然会对大事产生阻碍。

其次，成功者一般都具有长远的眼光，对事物发展有着敏锐的洞察力和预见力，能够认清小节的地位作用，不会在无关原则的琐事上投入过度的精力。同时，他们还能从全局和整体上着眼，不受眼前小节的拘束。

再次，拘小节对成大事具有负面影响。重视小事，不仅会局限了人的视野，消耗了人的时间和精力，还会让人荒废真正重要的事业。因此，拘小节者难成大事，成大事者不拘小节。

清朝时，在安徽桐城有个著名的家族，父子两代为相，门楣光耀，这就是张英、张廷玉父子。清康熙年间，张英担任文华殿大学士、礼部尚书。

张英的老家在桐城，老宅与吴家相邻。在两家府邸之间有块空地，供双方来往交通使用。后来，吴家修建房屋，想占用这个通道，张家不同意，冲到县衙打官司。想到双方都是官位显赫的名门望族，县官不敢轻易了断。

一天，张英收到了一封来自张家的信，让张英出面解决这件事。张英收到信件后，认为应该谦让邻里，便在回信中写了四句话："千里家书只为墙，再让三尺又何妨？万里长城今犹在，不见当年秦始皇。"

家人读完，明白了其中的意思，便主动让出三尺空地。吴家看到这个情景，深受感动，也主动让出三尺房基地，于是就有了一个六尺的巷子。自此，两家的礼让之举和张家不仗势压人的做法被人们竞相传颂。

曾国藩的人生信条是方圆：定准方向，不把心思花在小事上，而是抓住关键，抓住主要矛盾，从大局着眼。在他的《曾氏家书》中，有许多信条都被后人奉为行为标准。春秋时期，越王勾践失败后，主动到吴国当奴隶，卧薪尝胆，历时十年，一朝灭吴，最终成就了立国的大事；韩信宁受胯下之辱，最终成了西汉的开国功臣；爱因斯坦不拘小节，提出了相对论……这些事例告诉我们，只要将目标放远，从大局着眼，不拘小节，最终都会成功。

与之相反，诸葛亮虽然是一代名臣，却因为事必躬亲，管理了太多的琐事，不善于取舍，没有处理好军中小事与建立国家的关系，最终积劳成疾，抱憾离世。

由此可见，如果想做出大的成绩，就要不拘小节。不在小事上浪费心思，才能将自己的注意力集中起来，专心致志地实现大目标，才能顾全大局，实现自己的目标。

同样，企业如果想取得成功，也要不拘小节。企业领导者只有从繁琐的管理事务中脱身，从全局的角度为企业把脉，才能促进企业的长远发展。

由此可见，无论是个人、企业，还是国家，想成大事，想要进步，都要善于把握事物的主要矛盾，从大局着眼，善于取舍。唯有如此，个人才能实现自己的目标，企业才能领先于市场，社会经济才能飞速发展，才能感受到"会当凌绝顶，一览众山小"境界！

日理万机不如文化引领

做企业难吗？其实，做企业并没有你我想象得那么复杂。马云说，最优秀的模式往往是最简单的东西！无论营销还是管理，都是如此！

经营企业，简单最好！把复杂的事情简单化，把复杂的任务简单化，把复杂的人际关系简单化，这既是一种素养，也是一种能力的展现，更是企业领导应该掌握的一种能力和技能。

世界首富比尔·盖茨非常推崇此道，他倡导：能在办公桌旁说的，就不到会议室；能用嘴巴说清的，就绝不打一个文件。

王石认为：老板忙得脱不开身，担心离开三天公司就乱，本质是自己管理有问题。

李嘉诚认为：对国家来说，如果皇帝整天都很忙，说明将相无用；对于军队来说，如果将军整天都很忙，就说明凝聚力不强；对于公司来说，如果老板忙忙碌碌，这表明员工能力不够。

乔布斯认为：一名优秀的员工可以抵得上50名平庸的员工，并不是说一个人可以干50个人的活，而是说，他可以影响到很多人。越是出色的人，越能在缺乏条件的状态下把事情做到最好；越是平庸的人，越会对所做的事挑挑拣拣。

如果你是企业老板，就不要寄希望于让所有的人都相信你，关键在于让大家信服并喜欢跟你干！如果想成为优秀的企业，最重要的不是积累金钱，而是积累人心！

决定企业未来发展的，过去靠的是机会，现在靠的是具备核心竞争力和人；过去靠的是老板的魅力，现在依赖的是团队力量；过去靠的是金钱驱动，现在依赖的是使命凝聚。过去，老板之所以成为老板，就是因为他比别人知道更多的东西；如今，领导者更应该面向未来，以愿景、共同价值观和目标来进行领导。

对于企业来说，最该做的事情就是，积极打造企业文化，以文化引领企业团队。受到众人尊敬的企业，员工离职时不仅会心存感激，即使离开公司后也会遵循原有的企业文化为人处事。

真正的领导者，不一定能力有多强，只要信任下属、给下属放权、珍惜下属，就能团结起比自己更强的力量，逐渐提高自己的身价。相反，即使你的能力很强，如果太过追求完美，斤斤计较，亲力亲为，认为其他人都不如自己，也只能做个公关，成不了优秀的领导者。

那么，究竟什么是企业文化呢？企业文化就像是土壤和空气，植物生长需要土壤，人活着需要空气。企业文化是无处不在、无时不在的，真正的企业文化并不在于概括得多漂亮，也不讲究时尚时髦。任何事情，都有内在的规律。自以为聪明地去寻找提高效率的捷径和绝招，只会伤害了效率，不仅白白浪费了时光，也会让我们距离科学管理越来越远。

在企业管理中，简单和复杂总是相伴而行的。总是把事情处理得很简单、想得很简单，管理就会变得越来越复杂。越老实，越勤恳，越本真地做人做事做企业，越有可能成功。耍小聪明，虽然可以获得一些利益，但放弃了大智慧的追求，放弃了长期沉淀式的思考和自悟，就会离道越来越远。道家经常讲：知识越多，离道越远！用耍小聪明的方式获取的知识来忽悠世界，自然就会离道非常遥远。

企业要想获得长远的发展，不管其企业文化如何，首先都要抛弃这种小聪明的捷径。要不断思考企业文化的长久性和持续性，要从符合社会道德的方向去思考。

如今，人们都在谈企业文化，几乎所有人都把企业文化挂在嘴上，但是真正懂得的人却不太多。企业文化，既不用啰唆，也不用装饰漂亮，关键就在于，认准的东西是不是你内心所想的。

一家高速公路企业，写过这样一条12字的标语："把路放在心上，把心放在路上！"虽然从文学上讲，这句话不像真正的对偶句，甚至不能叫对联，但确实是发自内心的！

第六章

先研判大势所趋，然后顺势而为

在围棋中，"势"是一种棋道，要实地还是厚势，是惜子还是取势，往往决定着成败。在兵法上，更讲"势"。孙子在《孙子兵法·势篇》中有言："善战者，求之于势，不责于人！"说的也是这个意思。在社会生活中，"势"的考量也非常重要。对于个人的为人处世来说，需要审时度势、把握大势；对于企业经营来说，更需要因势而谋、应势而动、顺势而为。

商界中，存在很多"势"！现代企业的经营之道，重在识势！识天下大势，知天下大势所趋，顺势而为，自然就会处处逢源。搞不懂大势所趋，与大势背道而行，就会举步维艰。

关于"势"的由来，相信很多人都不一定知道，其实古人已经告诉了我们："儒生俗士，岂识时务？识时务者在乎俊杰。"向势而转，还是逆势而行，不仅可以检验一个人的眼界，更能考验一个人的智慧！

大势——在规律中运动的最大的场

所谓"势"，按照现在的说法，就是内外因素影响下而形成的一个环境。一块石头，放在地上，它就是一块普通的石头；如果将这块石头悬吊在百丈高崖上，它就有了"势"。

一般来说，势和时又是联系在一起的，就是平常所说的时势。秦末时，刘邦就是典型的时势造英雄的产物。进入咸阳后，很多人都要立他为王，张良却劝他说："势未到，不可轻易为王！"刘邦离开蜀地后，与项羽订立了鸿沟之盟，张良劝他，要借时势灭了项羽！

刘邦为什么能打败项羽？在两首诗里面体现出来了。刘邦在《大风歌》中说："大风起兮云飞扬，威加海内兮归故乡。安得猛士兮守四方？"项羽的最后一首诗则写道："力拔山兮气盖世，时不利兮骓不逝！骓不逝兮可奈何，虞兮虞兮奈若何？"刘邦强调的是事业——"威加海内"，看重的是人才——"安得猛士"。项羽强调的是自己——"力拔山兮"，其次强调爱情——"虞兮虞兮奈若何"。

据说，项羽一人可敌一万人，刘邦却手无持刀之力。可是，决定最终胜负的，并不在于两人的对决，也不看谁的老婆长得漂亮，而是管理能力和团队。

作为企业的领导者，就应该像刘邦一样。没有得势时，不要强拉硬拽地造势、借势；在内外环境都不成熟时，就要循势。一旦天时地利人和形成了势时，就要果断取势，为我所用。

对形势的估计、判断、推理是否准确合理，体现的就是一个人的能力水平。然而，一个人能够看多远，看多深？站的高度不一样、站的角度不同，看到的也就不一样。

福布斯中国富豪榜制作者范鲁贤认为，李嘉诚的独特性在于非常熟悉事物的发展方向。支撑起这一点的，是李嘉诚对世界的好奇和开放心态。李嘉诚每天都会坚持阅读，科学、经济、政治和哲学等都有所涉猎。

李嘉诚的商业版图遍布全球 52 个国家，产业横跨通信、基建、港口、石油、零售等多个领域，几乎从来没有失败过。

李嘉诚的商业投资之所以会取得如此大的成就，首先因为他是一个危机感很强的人，每天他都会花费大部分时间来考虑未来的事情——对企业家来说，重要的不是以史为鉴，而是要以未来为鉴。李嘉诚判断趋势的基础，就是孜孜不倦地获取最新资讯。

从 20 岁开始，李嘉诚便开始阅读其他公司的年报。通过这种方式，不仅找到了很多投资机会，还让他了解到其他公司会计处理方法的优点、漏弊以及公司资源的分布。

每天早晨，李嘉诚都能收到一份当天的全球新闻标题列表，多选自《华尔街日报》《经济学人》《金融时报》等全球知名媒体。浏览一番后，他会选出自己想看的文章，让人翻译出来细读。

李嘉诚喜欢问问题，遇到新事物的时候他总会想：这和我、和我的公司有什么关系？之后，就会将自己的问题交给专业人士去寻找答案。比如，在 Facebook 等社交媒体开始火起来的时候，李嘉诚问旗下的公关团队：怎样看待其和平面媒体以及网上媒体对集团公关的影响？这些习惯，让李嘉诚始终站在趋势的最前沿。最近几年，李嘉诚投资了 60 多家科技公司，例如：Facebook、Skype、Siri、Waze、Spotify、Summly 等明星项目。

《南方周末》记者曾经问李嘉诚："你已经 85 岁了，怎么还投资高科技？"

李嘉诚反问说："85 岁的人，就不能喜欢科技吗？对新科技感兴趣，让我的心更加年轻化。21世纪，不少行业包括国防工业、农业、水利、能源、医疗、生命科技、电讯、互联网等都获得了突破性发展，投资机会很多。"

李嘉诚的一位下属曾发出过这样的感叹："如果李先生是个停滞不前的人，就不可能有今日的成就。"

李嘉诚不仅自己勤于学习，还非常重视晚辈的学习。每周，他都会为自己的孙辈们亲自授课。他的课，既有道德讨论，也有文化批评和世界经济。孙子、孙女的年龄都很小，要想演绎生动是非常难的，但李嘉诚却乐此不疲。为了告诉儿孙风险是怎么回事，李嘉诚甚至还专门花8000美元印出了4张AIG股票。他把这些股票裱起来，标注了世界上最大的保险公司在金融危机中破产的故事，同时还注明"以此为鉴，可惕未来"。

李嘉诚具有审时度势、顺势而为的境界和水平，他是每一位企业家都应该学习的榜样！

运筹帷幄就是操控场的能力

今天，人与人之间的关系、事与事之间的关系越来越复杂。如何才能将各种关系调理清楚并适当驾驭呢？谋略！

科学越发达，谋略的法门也就越神奇玄妙。计谋，贵在高人一筹；策略，贵在高人一着。能看到别人看不到的，能谋划别人不能谋划的，能思虑别人不能思虑的，能推测别人不能推测的……这就是远谋大略！

古人有"运筹于帷幄之中，决胜于千里之外"的说法，形容雄才大略，指挥若定。用今天的话来说，所谓运筹帷幄，其实就是操控场的能力。

同样是销售图书，一家书店就是不降价，认为降价会损害利益，会少挣很多钱；而另一家书店则采取灵活的价格策略，该降价的时候就降价，吸引了很多顾客。有些图书是季节性的，时效性强，过期后连废纸都不如，结果损失惨重。

还有个做光盘出租的。一家公司固守自己的价格不敢松手，觉得一松手，收入就没了；另一家公司则是灵活经营，把租光盘变成协调社会关系的一种手段，结果利用这些社会关系，挣到了更多的钱。显然，急功近利害人不轻，采用谋略更能拓开发展空间。

所谓的有见识，最重要的就是要看清大势所趋，人心所向，顺应历史发展，适应时代潮流。俗话说得好："机不可失，时不再来""时势造英雄""三分人才，七分机遇"。成功的企业家都能顺应历史潮流，具有战略眼光，善于抓住机遇。

对于一个人来说，只有抓住机遇，被时代潮流推上某个最能施展才华的位置，才能成就一番事业；缺乏远见，即使你的才学水平很突出，也可能误入歧途，一无是处。古今中外，这种例子有很多，比如楚汉相争时期的项羽，三国时期的吕布……他们的军事才能都异常卓著，但由于逆时代潮流而动，最终以失败告终！

对于管理者来说，有无先见之明，是影响成功的重要因素。随着时代的变迁，昨天还认为正确的事，也许今天就已经跟不上潮流。

日本有家知名企业对领导艺术有这样一条名言："管理者要有认清时代潮流和预知环境变迁的能力，才能想出因势利导的方法，有先声夺人的声势。"优秀的管理者，不仅能看清楚潮流的方向，还可以提前预知环境的变迁并想好应对措施。

在中国，马云和阿里巴巴是最传奇的故事之一！这家由马云和17个小伙伴在1999年创办的公司，如今已经成为全球范围内最大的互联网及电子商务公司，其业务范围覆盖电子商务、金融理财、影视娱乐、云计算等业务。

在我国国有企业占据着经济制高点的形势下，作为一家民营企业，阿里巴巴能够避开国企的锋芒，在互联网及电子商务领域取得世界性的成功，其运筹帷幄的能力确实无人能及！

《哈佛商业评论》杂志副主编华特·弗里克认为，阿里巴巴不仅跟Facebook、谷歌、亚马逊很相像，运作模式还有点像通用电气。阿里巴巴业务遍布电子商务、支付、通讯、企业软件、娱乐和其他更多领域，它更像是一个企业集团生态。

哈佛商学院教授朱莉·伍尔夫说，在阿里巴巴集团内，各业务之间的竞争与合作保持了一种动态平衡，各业务部门的分布式决策和整个集团的整体决策并存。这种企业集团生态在西方很少见，却在中国获得了巨大成功。阿里想打造的是一个类似苹果或谷歌那样的互联网生态体系，而电子商务只是一个开始！

阿里巴巴的最大价值并不在于它实现了多少线上交易额、拥有多大的用户规模，而是其带来的巨大社会价值，如增加了社会就业、推动了传统产业的升级、成就了形态多样的电子商务服务业等。

这里，我们节选了马云的几段名言（以下资料来自网络）。这些名言从几个方面谈到了格局这一话题，读者可以从中体悟到马云运筹帷幄的能力是怎么来的。

1. 细节与格局

有人觉得我牛，仅用 6 分钟就说服了孙正义，其实是他说服了我。见孙正义之前，我在硅谷至少被拒绝了 40 次。

做企业，赢在细节，输在格局。

格局，"格"是人格，"局"是胸怀，细节做得好，格局一般都差；格局好的人，从来都不重细节！

2. 领导与员工

领导永远不要跟下属比技能，下属肯定比你强；如果不比你强，说明你请错人了。要比眼光：比他看得远；要比胸怀：男人的胸怀是委屈撑大的，要能容人所不容；要比实力：抗失败的能力比他强；一个优秀的领导者的素质就是眼光、胸怀和实力。

3. 优秀的领导

当领导之前，一定要让他学习怎样才能当个好领导。很多领导都是劳模干部，工作很勤奋。把他们升为经理，他们就会觉得，你喜欢他这样的经理，于是任何事都会带头干，却不懂得培养激励下属。真正优秀的领导是能让下属成为劳模的人，而不是自己当劳模。

4. 高手的竞争

一定要争得你死我活的商战是最愚蠢的。

眼睛中全是敌人，外面就全是敌人。

竞争的时候不要带仇恨，带仇恨一定失败。

竞争乐趣就像下棋一样，你输了，我们再来过，两个棋手不能打架。

领导者的胸怀，就是被冤枉撑大的。

真正做企业是没有仇人的，心中无敌，天下无敌。

5. 忠告初创企业者

大家看不清的机会，才是真正的机会。

让员工笑着干活。

客户第一、员工第二、股东第三。

少听成功学，多听失败学。

抢在变化之前先变。

忘掉 money，忘掉赚钱。

小聪明不如傻坚持。

心态决定姿态，姿态决定状态。

搞懂时势，方可成就时代英雄

美国《连线》杂志创始人凯文·凯利曾经说过："大家都想知道明天的天气如何，但是又对即将进入什么季节不感兴趣。"所以，要想造就时代英雄，就一定要先弄清楚自己处于什么时代。

这个时代，我毁灭你而与你无关！柯达之所以会破产，不是因为同行的竞争，而是因为手机的出现。让柯达没有想到的是，每部手机都能成为照相机。

这个时代，跨界打劫你却无力反击！余额宝出现后，18天就收入了57亿存款资金，银行饭碗被抢。

这个时代，如果你醒来的速度慢你就不用再醒来。如今，微信的用户数量还在增加，仅免费发消息语音这一项，就足以撼动中国移动、电信和联通的地位。

未来，我们的生活会是什么样子？设想一下，晚上带着家人出去吃饭，拿出手机查看附近餐厅；看完餐厅介绍，对比之后，挑一家评价好的、好吃又实惠的餐厅，定好座位，点击导航，直接去吃饭，不用排队。

吃饭时，看到品相好的、好吃的，就拍个照，发到微博或朋友圈晒一晒，与朋友共享。以后朋友来这里吃饭的时候，凭着你的分享就可以获得优惠，商家还会给你返利，既能吃到好东西，分享又能赚钱，自然会感到很惬意。

吃完饭，去商场购物。看到自己喜欢的产品，拿起来，扫一下二维码，用手机比比价，放入网络购物车。确定好后，在手机上点击送货时间和送货地址，之后就可以直接付款了。既不用拎东西，也不用排队……

如今的商圈，不是外行干掉内行，而是趋势干掉规模，先进取代落后！马云曾说："新的商业生态得像狮子一样，不能顺时应变的企业，会直接死掉！结局比我们想的更可怕，不可逆转。天已经变了，你不变，将会输得更惨！"

未来的十年，是一个海盗嘉年华。你不跨界，就有人跨界打劫你！网络上曾流行过这样一句话：移动说，搞了这么多年，现在才发现，原来腾讯才是自己的竞争对手！可见，最彻底的竞争是跨界竞争。

一项业务，你收费，可是跨界进来的却给客户免费，人家根本不靠这个赚钱，你美滋滋地活了好多年，结果到最后却不知道自己是怎么死的。比如，瑞星杀毒收费，360 进来全免费，让整个杀毒市场发生了翻天覆地的变化；微信免费，让运营商大惊失色；阿里支付宝的出现，同样对银行产生了巨大冲击。

相信这种跨界的竞争，很多人都已经感受到。

未来十年，是中国商业领域大规模打劫的时代，大企业的粮仓都可能遭遇其他企业的打劫。一旦人们的生活方式发生根本改变，来不及变革的企业必定会遭遇世间少有的危机。连世界第一富豪沃尔玛都在关闭超市，其他各类商业巨头就更别说了！

所有的一切，都处于大规模变革之中！如今，金钱正随着消费体验的改变而改变流向。无论哪家公司，无法意识到这一点，无论过去它们有多成功，未来都只能苟延残喘。

跨界的，从来都不会是专业的，他们统统来自另一个领域！他们让人摸不着头脑，你都不知道他们是从哪里窜出来的。创新者以前所未有的速度，从一个领域进入另一个领域。

门缝渐渐打开，边界正在突破，传统的广告业、运输业、零售业、酒店业、服务业、医疗卫生等都可能被逐一击破。如果不是顺应了这个时代,这些企业也就不会脱颖而出。这些企业是"水","水至无形方为上,水善利万物而不争",但是却能得到长久的存在。天冷可成冰,天热可成气,甚至可以成雾、成霾。在这个过程中,它顺应的是时代的需求,更是顺应了人性的需求。这些企业家们同样也是顺应需求、发现需求、满足需求的思考者和决策者。

唯有看清时势,方可成就时代英雄!只有顺势而为,企业才能发展壮大!

这是一个瞬息万变的时代

过去，企业一般都知道自己的竞争者是谁，非常清楚自己和竞争对手在同行业中所处在的具体位置。今天就不一定了！竞争对手一下子冒出来，它们来自四面八方，让人眼花缭乱。

其实，不仅马云的阿里巴巴、扎克伯格的 Facebook，还有佩奇和布林的谷歌、比尔·盖茨的微软、乔布斯的苹果、贝索斯的亚马逊、马斯科的特斯拉、马化腾的腾讯、李彦宏的百度、雷军的小米……这些企业都是市场竞争强者的代表。

现在，我们所面临的竞争完全不受什么约束，而且根本不遵循原来的规则。现在的创新，甚至根本就没想着要与你的产品进行竞争，创新者将自己的注意力集中在新市场的寻找中，都想用最快的速度抓住最多顾客的注意力。

这些企业代表了新一轮的创新潮流，是一种拥有巨大能量的创新。它们之所以能在数月甚至数日之内撼动那些根基牢固的企业，产生骇人的速度和巨大的影响力，主要就在于涌入市场的颠覆性科技。它们比前辈产品质量更优，价格更低，竞争者无暇顾及。

企业战略决定着企业方向，方向选对，事半功倍；方向不对，努力白费。比如，诺基亚用了140多年，历史市值达146亿美金；联想花了30年，使港股市值达100亿美金；而小米，仅用了3年，估值就达到了100亿美金……试想，如果第一个推出免费的不是360，而是金山、瑞星、卡巴、诺顿、江民等中的任何一位，结果会怎样？如果第一个掀起行业变革的不是时代光华、前沿讲座、百家讲坛、聚成、新东方，结果会怎样？如果第一个推出凉茶的不是王老吉，而是健力宝、乐百氏，结果会怎样？相信，一切都会改变，成败仅在一念间！

所谓互联网思维，就是在（移动）互联网、大数据、云计算等科技不断发展的情况下，重新审视、思考市场、用户、产品、企业价值链乃至整个商业生态。

"独孤九剑"强调"无招胜有招"，重在剑意，与互联网思维有异曲同工之妙，互联网思维将像"独孤九剑"般破解天下各派武功，重塑甚至颠覆各类传统行业。不管愿意不愿意，我们所面对的就是这样的局面。是扼腕叹息还是激流勇进，当然都由我们自己来选择了。

传统经济的玩法是跑步，极尽所能地"跑马圈地"，占的范围越大越好。可是，在个人崛起的时代，与其把握更多的机会，还不如立定下来，在一个固定点上成长！传统社会，讲究的是做大做强，总希望跟着企业将自己的事业做大。可是，在互联网时代，固守自己擅长的领域成长，拥有合适规模的客户，就可以拥有自由且富足的一生。

也就是说，今天这个时代，看重的并不是过去你有多牛，而是现在和将来你有多牛！这是一个看增量而非存量的时代，因此，一定要将眼光看着现在、盯着将来。

商业，满足的就是人的基本需求，逃不开吃喝玩乐。要想将商业做好，只要满足消费者在基本需求之外的精神、品质和感觉等需求即可，并不玄妙！商业成功的关键在于，能否真正找出适合自身发展的市场，产品是否适合市场需求、适合消费者的需求？

在这个不断变化的时代，关键是自己能否跟上这个变化。通常，面对变化人们会有三种表现：第一种，人们了解变通的道理，会去领导变化；第二种，人们懂得应变，社会事物发生了变化，会把握机会来改变；第三种，人们跟在别人的屁股后面转，人家变了他却不知道变。你想当哪种人呢？自然是力争做第一种人，起码要做第二种人！

纷纭是表象，实质是人心

人心如水，水能载舟亦能覆舟！得人心者得天下，大到国家，小到企业，都是这个道理！兵家讲究"攻城为下，攻心为上"；古今中外的政治家、军事家也都把"得人心"作为制胜之道。所以，只有懂人性知人心，才能得人心。

我们以乔布斯时代的苹果为例。

苹果的渠道主要是通过体验中心这一平台，让消费者在愉悦、舒适、宽松的自我体验探索中，激发出购买欲望。乔布斯对专卖店销售的各个环节都做了高度的简化。比如，顾客进入零售区域，只要看一眼，就能了解这里的流程；减少出示信用卡和打印凭条等步骤。

苹果专卖店和其他零售商最主要的一个区别就是，店员不以销售为目的。店员的收入和销售额没有关系，而是为顾客提供帮助，如此就加强了顾客和苹果的关系。以销售为目的，顾客与零售商的关系就无法深入，顾客自然也不愿付出溢价。

苹果的成功和创新都离不开细节，专卖店也是如此。比如，为了给厕所选择正确的颜色，他们会开会讨论，厕所标志该用哪种灰色；对铺地面所用石头的颜色、纹路和纯度等，都有特别要求；乔布斯非常重视楼梯设计，甚至还因此获得了两项与之相关的专利。体验店的形式束缚了大多数公司的形象，做成一个体验店，是无法在销售上达到苹果专卖店那样的规模的。

"销售圣经"里最重要的一句话是：你推销的是煎牛排时的吱吱声，而不是牛排本身，因为是吱吱声让人流口水。苹果专卖店提供的也是这样的"吱吱声"——城市中心的繁华位置。苹果专卖店简单、完美、高大上，客户可以了解和享受到各种创新产品和服务；如果有疑问，还有专家在一旁帮你解答。

苹果了解消费者内心欲望的动力，知道顾客在走出苹果店之后的满足感。商业的魅力就在于此！苹果非常善于掌控顾客，懂得战略大品上市的每个动作和发力点。苹果不会等到新品上市后再想如何来销售，因为他们知道，此时再想这些问题，80％以上的新品都会失败。其实，在新品出现一个概念性想法时，苹果就开始了造势活动，积极地与终端渠道商、顾客互动沟通。

一是了解顾客的购买动机。

对于消费者来说，从对某种商品的需要出发，到引起购买行为，需要经过一个复杂的心理活动过程。这一过程表现为对商品的感知过程、对商品的思维过程、对商品的情绪过程。

从感知一样商品开始，必然会有所动机。购买动机大体划分为：以使用为主要目的、以得到心理满足为目的；感情动机、理智动机和信任动机；初始动机、挑选动机和惠顾动机。可以说，苹果手机的消费者兼具了以上三种动机。苹果手机产品的设计研发，都以消费者内心的需求心理与动机为出发点，并渗透在手机的每个细节中。

二是让产品自己说话。

新品研发的导向是与时俱进、顺应潮流，站在消费者的角度考虑问题，为消费者提供近乎完美的大品。苹果的每次亮相，竞争对手都控制不住激动的心情，更别说消费者了。主要原因就在于，苹果的每款产品都抓住了消费者的欲望顶点！

曾经，苹果ipad在美国上演过销售奇观，开售不到一个月，销量便突破了上百万；在日本，预售首日更是引发了预订狂潮。将新品上市玩得如此不一般，还未上市就让万千粉丝拿着钱孜孜以求，没有超常的魅力是绝不可能实现的！

三是激发出无尽的人性欲望。

苹果总能制造并抓住"市场的期待"，通过对产品上市全程动作和节奏的巧妙设计，让消费者随着节奏翩翩起舞。

在 ipad 产品还处于概念测试阶段时，苹果就启动了新品的系列宣传。这时候，乔布斯会发起一场新品概念发布会，利用虚拟技术对新品大肆吹捧，让"果迷"对苹果手机无限憧憬。接着，在新品研发阶段，苹果还会不时地在全球知名网站上发布一些新品帖子，报告一些关于研发的小花絮，将"果迷"的注意力更好地集中在了新品研发上。

很多时候，苹果的产品在推出前和推出后都会出现大量的短缺现象。饥饿营销被苹果运用得炉火纯青。其他企业是向消费者灌输，苹果则是吸引消费者愿者上钩，这是它们的真正差别。

苹果在产品推广中，将人性营销发挥到了极致。管理大师彼得·德鲁克说，市场营销的目标是使推销成为多余。这是至高的营销境界，苹果做到了！

企业要成为优胜企业，就要全方位地赢得人心，不仅包括各个环节与渠道的人心，还包括不同方面与不同层次的人心。有一位互联网巨头说："企业想赚钱，首先要让我们的用户赚到钱。如果他们赚不到钱，我们还怎么赚到钱？如果他们赚到钱了，我们自然不愁赚不到钱。"这是指要通过别人获得利益，最好先满足别人的求利之心。

当然，人类还不只一个求利之心，需要满足的心理需求实在太多。不过，通过归类自可以化繁为简。坦率讲，只要明白了这个道理，具体情景下应该满足别人的什么心，用什么方法来满足，都成了比较简单的问题。毕竟，指点迷津才是高难动作，具体怎么走则属于简单动作了。你有本事满足人心，自然就能够赢得人心。"得人心者得天下"，就能从格言的空中落脚到地上。

其实，不仅仅是弗洛伊德、马斯洛揭示了人类的心理需求，几大宗教、古往今来的杰出思想家和哲学家都在讲这个问题。只不过是人类囿于自己的所知所见，不容易发现并弄明白其中的智慧而已。所以，老子才说"大道甚夷而人好径"，意思是说，大道非常平坦，而人们却偏偏喜欢旁门左道。老子还说"吾言甚易知、甚易行，天下莫能知、莫能行"，意思是，我讲的话非常好懂、非常好做，天下人却没有几个人能懂、能照做的！

要获千金财富，必是千金人物

《了凡四训》上，云谷禅师对了凡说："享千金之福德的人，必是千金人物，享百金之福德的人，必是百金的人物，该饿死的，是饿死的人物。"这句话，道出了人生命运的真理，也告诉了我们改命的秘诀。每个人都希望自己获得千金的福德，不想当饿死鬼，如何实现这一目标呢？云谷禅师说得很清楚：必须是千金人物！什么叫千金人物？这一点，由心所定！

现代人有句话："心有多大，舞台就有多大！"你的心能容纳千金，你就是千金人物；能容纳百金，你就是百金人物；看见一碗饭都激动，为了一碗饭而出卖自己的尊严，你就是饿死的人物……这也就是佛所说的"相由心生"。

在生活中，我们经常会看到这种现象，也常常有这样的体会。比如，考试。考了100分而不激动、不在意的同学，经常会考100分；考了90分就激动得不得了的同学，很少会考90分以上。在平时，这两种同学的知识、能力都不相上下，为什么一考试就会出现这么大的差距？因为，考了100分而不激动的，有100分的心量；考90分就激动的，只有80分的命；有的人只要及格了就激动，那就是不及格的命。

再如，你想一件事情，很期盼某种结果，这种结果却不会发生在你身上；你对某个结果不在乎，往往就会实现。在这里，你很想得到的结果都是你不能包容的，都是做梦都想得到的，得到了你就会异常欢喜，上天就会觉得，你不配有这个结果，因为你包容不下它；如果你能平静地接受这个结果，说明在你心里这个结果早已有了，早已包容了，那这个结果自然就是你的。

古代，有个县官，周围的人污辱他、骂他，可是他却不闻不问。一个能力强的人发现，这个县官了不得，他面不改色，真是纹丝不动。这个人能受得起污辱、承担得了这种责任，绝对不仅仅是当县官的料，至少能够当巡抚。后来，这个人果然很快就升迁为巡抚了。

当了巡抚后，这个人又受到了别人的污辱，可是他依然没有还击，结果皇帝还给他加官进爵，鼓励他。结果，他也没有什么太大的反应。宠辱不惊，这个人的福德太深了。有眼光的人明白，这个人将来一定是个宰相！果不其然，他真成了宰相。

今天，很多人刚挣了点儿钱，立刻就不行了，走路都横着，说话也不像个人了。有些年轻人大学一毕业，就笑话爷爷奶奶没文化，看不起爸爸妈妈，如此，灾祸也就如影随形。

一个人，格局有多大，就能做多大的事！去年，谁谁跟你借了500块钱没还，你一直记到今年，心里一直郁闷，那你也就只有这500块钱的命！

史玉柱曾经欠债2亿元，走走破产流程就可以不还了。可是，他决定东山再起，必须还钱。由此可见，史玉柱起码是2亿元的命。再看看史玉柱现在的成就，就知道此言非虚。

电视剧《大染坊》里的主人公是陈六子，他有个贵人叫苗瀚东。当年，陈六子到大财主苗瀚东家门口要饭的时候，苗瀚东施舍给他一个馒头。此后，每到大年三十，陈六子都会提着礼物到苗瀚东家磕头拜年，感谢当年的馒头恩情。苗瀚东觉得，陈六子有情有义，结果苗瀚东就成了陈六子的大贵人。

要想有所成就，就要先放宽心量。你是千金的心量，必是千金的人物。内心能包容一切，自然不会产生激动，自然不会有妄念。

有人说，我也想心胸宽广，但是什么叫心胸宽广，作何观想才叫做心量大？《金刚经》里有一句话："应无所住而生其心。"这就是心量，即装得下一切人、一切事、一切物。如何理解呢？做事情不要想结果，专心做事，结果就已经在心里了，何须去想？

一心想着结果就是攀缘，就是有求之心，就说明你心里还没装下它。本来在你心里了，还要求干什么？事情做完了，不要老是放不下，不管是好的还是坏的，都已经在你心里了，为何还要抓着不放？心由缘而生，由缘而灭，这就是心量！

有的人看到一件好事，就会心头一热，积极去做，无比激动，结果，过不了三天，热度渐弱，就会放弃。这就是没有心量！遇到好事，激动什么？激动就是装不下，你都没有装下这件事，怎么可能持久去做？

如果你确实想做一件事，首先就要问问自己：能不能装下这件事，有没有这个心量？有这个心量，就好好去做！宠辱不惊，才是千金人物！

第七章

比业绩还重要的，是塑造价值观

价值观，既是一种判断对错、选择取舍的标准，也是一种深藏于内心的准绳，是面临抉择时的一项依据。

价值观会指引一个人去从事某些行为，例如，一个人讲诚信，就会主动对别人说明事情真相，提升别人对自己的信任度；一个人守纪律，就会依规定行事，提高执行力；一个人喜欢关怀别人，就会主动了解别人的困境，让别人有同理心。

不同的价值观会产生不同的行为模式，进而产生不同的社会文化。太过"自我"，就会以自我为中心。所以不论是对企业，还是对个人，遵循正确的价值观都是最重要的事，而追求业绩则是等而下之的事情。

从马斯洛的需求层次理论说起

作为美国著名的社会心理学家，马斯洛提出了著名的人类需求层次理论。他一开始提出的是六个层次的需求：生理需求、安全需求、爱与归属需求、受尊重需求、自我实现需求。

需求层次理论，既是解释人格的重要理论，也是解释动机的重要理论，该理论指出，个体成长的内在动力是动机！动机是由多种不同层次与性质的需求组成的，各种需求之间有高低层次与顺序之分，每个层次的需求与满足的程度都决定着个体的人格发展境界。

第一个层次，生理上的需求。

这类需求的级别最低，比如，对食物、水、空气、住房和穿着等的需求都是生理需求。在转向较高层次的需求之前，人们总会尽力满足这类需求。在饥饿时，一个人是不会对其他事物感兴趣的，他的主要动力就是得到食物。基本的生活需要得到满足后，就会产生安全需要。

第二个层次，安全上的需求。

和生理需求一样，在安全需求没有得到满足之前，除了生理需求，人们最关心的就是安全上的需求，比如生命安全、劳动安全、良好的社会安全。

第三个层次，社交上的需求。

马斯洛认为，人是一种社会性生物，人们的生活和工作都不是独立进行的，经常会与他人接触，需要有社会交往、良好的人际关系、人与人之间的感情和爱，在组织中需要得到他人的接纳与信任。主要包括友谊、爱情、归属、信任与接纳的需要。

第四个层次，尊重上的需求。

尊重需求既包括对成就或自我价值的个人感觉，也包括他人对自己的认可与尊重。

有尊重需求的人，一般都希望别人能够按照他们的实际形象来接受他们，并认为他们有能力；他们关心的是成就、名声、地位和晋升机会。当他们得到这些时，不仅会赢得人们的尊重，也会充满自信。比如有自尊心，工作努力，有充分的自信心。

第五个层次，自我实现上的需求。

自我实现上的需求，是指个人成长与发展，发挥自身潜能、实现理想的需要。当生理、安全、社交、尊重四种需求得到满足后，人们就会积极寻找生活的乐趣和学习更多的知识，尽量地享受工作之外的精神生活。

马斯洛认为，人的需要有一个从低级向高级发展的过程，这一点在某种程度上是符合人类需要发展一般规律的。事实也证明，一个人从出生到成年，其需求的发展过程基本上也是依照马斯洛提出的需要层次进行的。而多数人的幸福观，都与这个需要层次有着密切的关系。

我们要特别强调的是，如果人生就像马斯洛理论宣称的那样，只有满足了层层递进的需求才幸福的话，追求幸福无疑成了爬梯子。其实人生更应该是万花筒，不同层次的需求都可以像万花筒中的一个格子。一生中可以不断地往每个隔间放入一些色彩斑斓的玻璃碎片（即我们追求并实现的一个个小目标），从而使属于自己的万花筒图案越来越丰富多彩。

不仅如此，对于那些朝圣者来说，他们的需求并不能以普通层次来划分，但他们却是幸福的。那是一种信仰的力量，既不用激励，也不用引导，完全是一种对信仰的自觉追随。这种信仰的力量，让他们不怕艰难困苦，把梦想确定在了一个高度，用自己的身躯和灵魂，一步步接近圣地、接近天堂。

总之，人生需求是分层次的。需求层次应该由低到高、一个层次一个层次地上升。但是，也不尽然！不仅可以几个层次的需求一起满足，也可以越级满足，直达人生的真谛。

做正确的事情，用正确的方式

在现实生活中，无论是企业的商业行为，还是个人的工作方法，人们都会比较在意效率和正确做事。其实，最重要的却是效能和做正确的事，并不是效率和正确做事。

正如彼得·德鲁克在《有效的主管》一书中所说："对企业来说，不可缺少的是效能，而非效率。""正确地做事"强调的是效率，可以让我们更快地朝目标迈进；"做正确的事"强调的则是效能，可以确保我们的工作是在朝着自己的目标迈进。换句话说，效率重视的是做工作的最好方法，效能则重视时间的最佳利用。

麦肯锡卓越工作方法的最大秘诀就是，在开始工作前，每个成员都要确保自己是在做正确的事。"正确地做事"与"做正确的事"有着本质的区别。其中，"做正确的事"是前提条件，离开了这样的前提，也就无法"正确地做事"了。也就是说，首先要做正确的事，然后才存在正确地做事。

比如，在一个生产企业里，生产线员工按照要求生产产品，其质量、操作等都达到了标准，他就是在正确地做事。但是，如果生产出来的产品根本就没有买主，没有用户，这就不是在做正确的事了。这时，无论工作方式多么正确，结果都是零。

既要正确做事，更要做正确的事，这不仅是重要的工作方法，更是一种重要的管理思想。任何时候，对于任何人或者组织来说，"做正确的事"都远比"正确地做事"更重要。对企业的生存和发展来说，"做正确的事"是由企业战略来解决的，"正确地做事"则涉及执行问题。如果做的是正确的事，即使执行中有一些偏差，结果可能也不会致命；但如果做的事本来就是错误的，即使执行得完美无缺，对企业来说也是灾难。

对企业来说，倡导"正确做事"的工作方法和培养"正确做事"的人，与倡导"做正确的事"的工作方法和培养"做正确的事"的人，会产生完全不同的效果。前者比较保守、被动，而后者则是创新的、主动的。如果还没有搞明白"正确的道路"（正确的事）在哪里，最好先将自己手头的工作停下来，先学习，再工作！

首先，找出"正确的事"。工作的过程，就是解决一个个问题的过程。有时候，一个问题会直接摆到你的办公桌上让你去解决。问题本身已经很清楚，解决问题的办法也很清楚。但是，不管你打算冲向哪个方向、想先从哪个地方下手，正确的工作方法都只能是：首先，要确保自己正在解决的是正确的问题——很可能它并不是先前交给你的那个问题。

高手最明显的特征就是，在做事之前，他们往往清楚地知道自己要达到一个什么目的；清楚为了达到这个目的，哪些事是必需的，哪些事看起来必不可少其实是无足轻重的……由于在一开始就胸怀最终目标，因而总能事半功倍，工作卓越而高效。

经验告诉我们，一个人一天所做的事情，至少有 80％ 都是不重要的。换句话说，每天花费 80％ 的时间和精力是在正确做事，却不是在做正确的事。管理追求的是两者的高度统一，即"用正确的方法做正确的事"。

当然，这并不是容易达成的，而且这种统一还是动态变化的。这有点类似于围棋的棋道。其中，效用目标是棋局的态势和环境，是前提和假设；而效率目标则是在此环境和前提下走出的棋步，是对效用目标的求解。围棋中，走出的每步棋的好坏、对错都要依赖于当前的局势形态和已走的棋，并没有绝对的好坏之分。

围棋对弈，追求的是"在当前局势下的最好棋步。"将这个规则套用在管理中，则是"在做正确的事的情形中的最好方法。"在使用的过程中，管理学科的各种规则、办法和机制，必须服从环境和全局的需要，人家动了，你也要动，一定要保持效用目标与效率目标的一致性。

以善恶而不以得失来做判断

人既有善良之心也有邪恶之心。所谓"善良之心"，就是把自己的事情放到一边，祈愿周围人的幸福，这是一种充满着温情的利他之心。所谓"邪恶之心"，就是只要自己好就行，这是一种利己之心。所以，要尽量抑制"只要自己好就行"的这种利己想法，要让善良的利他之心更多地占据我们的心灵。做到这一点，就是在做修行、修养，就是在塑造人格！

佛祖释迦牟尼教诲我们："欲望""愤怒""愚痴"这三种本能，是所有烦恼中最难驾驭的，被称为"三毒"。如果对自己的思想放任不管，人心就会被这"三毒"占满。因此，一定要在心中根植一点善念、一点善心。

在日常工作中，企业领导者需要对各种事情做出判断。如果放任自己，就会不以善恶来做出判断，而是以得失来做出判断。比如，考虑得失，计算损益和自己赚不赚，以此做出判断。不仅如此，还有感情用事，以自己是否受到侮辱来做出判断、以无谓的虚荣心做出判断。当然，要想以一颗善良之心做出判断，必须经过严格的训练，否则很难做到。

从自我诚勉的角度，稻盛和夫会对下属说：出现了问题，需要对事情做出判断时，瞬间浮现在脑海中的想法几乎都出自于本能。因此，一定不要用刚刚冒头的想法对事情做出判断。要将这个判断暂时搁置，然后进行理性思考，或者用善恶来衡量。这一点很重要。

稻盛和夫认为，只有真正的圣人君子才能凭直觉用善恶来判断事物。通常，人们都是依靠本能去判断的。因此，遇到问题的时候，最好不匆忙得出结论，可以将最初浮现的判断放到一边，先搞清楚问题出现的原因，然后用善恶的尺度去衡量，最后将自己最初的想法进行修正……由此可见，只要提前设置一个缓冲器，就可以做出准确无误的判断了。

谷歌公司曾提出过一个著名的口号——"不作恶"，这是经商和做人的起码准则。"不作恶"是谷歌工程师保罗·布赫海特和阿米特·帕泰尔在一次会议上提出的。以后，这句简短的口号便彻底地渗透到了企业文化的方方面面。

在一次会议上，大家针对广告体制做出改变可能带来的好处进行讨论。虽然这一改变有可能为公司带来丰厚的利润，但一位工程负责人却表示反对："这是在作恶，这事我们不能做！"屋里顿时没有了声音。沉默过后，是一场相持不下的讨论，最终提案被否决。

其实，"不作恶"这句谷歌口号，并不只是字面上那么简单。没错，这句话的确真诚表达了谷歌员工感同身受的企业价值观与目标。但除此之外，"不作恶"这句话也是给员工授权的一种方式。在做出决策时，员工经常会根据自己的道德指针作为衡量标准。

在丰田公司发明的著名的"及时生产看板制度"中，有一条质量管理原则是：发现质量问题时，流水线上的任何一位员工都有权拉绳中止生产。而谷歌这句简短的口号中也包含着同样的认识。在那次会议中，工程师在对提案中的新改动冠以"作恶"之名时，其实就是拉绳中止了流水线。接下来，所有人都对这项新改动做出了评估，还要判定它是否与谷歌的企业价值观相符。

"不作恶"就像是明亮的北极星，为管理方式、产品计划和办公室政治指明了方向，优秀的企业都"不作恶"！要想营造根基扎实、深入人心的企业文化，首先就要做到这一点，其价值也在于此！这，既是企业做事的基础，也是防止企业偏离正轨的有效方法。

最卓越的企业文化都会立足高远。伟大的企业文化，可以让公司的每一个成员不断进步，让整个企业变得更加强大！

人格为先，才能次之

有句话说得好：做人，人品为先，才能为次；做事，明理为先，勤奋为次！对一个人来说，德是灵魂，是向导；才是能力，是工具。具体到一个人，德与才是没有办法分开的。

很多人看起来似乎很能干，结果却成了贪官；有些人看起来智商很低，却满怀爱心。如果我们能够走进他们的心灵世界，就会发现，两种人的所作所为都不是分裂的，都很合乎他们自身的性格逻辑；他们应对这个世界的行为，不是将德和才两部分拼起来之后做出的，德和才在他身上无法分开。

具体到德与才的组合，可以出现以下几种情况和结果。

第一种情况，有德有才。

对于我们来说，既具有为社会和他人做贡献的优秀品德，又具有为社会和他人做贡献的才华，如此，收益才是最大的，成本才是最小的。

第二种情况，有德无才。

一个人品德高尚，但才能一般。这时，即使他也打算为社会办好事，可是因为能力有限，对社会也产生不了多大的收益，但至少不会产生什么大害。其可能产生的不利情况是好心办不了好事！

第三种情况，无德无才。

这种人虽然想做坏事，但由于才能不佳，做坏事的手段也不太高明。在这种情况下，即使他做坏事，也很容易被社会发现，这可以有效降低其做坏事的可能性。所以，虽然无德者想做坏事，但成功的概率较小，也就间接降低了其对社会的破坏度。

第四种情况，无德有才。

这种人既想干坏事又具有干坏事的能力，由于其手段高明，做了坏事也不容易被人发现，对社会的危害最大！

可见，德是立身之本，才是立身之基。在德与才之间，德是前提、灵魂和关键！

春秋末年，"晋国四卿"之一的荀瑶被杀后，晋国灭亡。北宋政治家司马光对这一历史教训进行了总结，他说："智伯之所以会灭亡，主要是因为才能战胜了德行。德行胜过才能的是君子，才能胜过德行的是小人。自古以来，国中的乱臣贼子、家庭的败子，大多数都是才能有余而德行欠缺的。"

在同仁堂的各处门店中，只要是显眼的位置都可以看到这样一副对联："炮制虽繁必不敢省人工，品味虽贵必不敢减物力。"这两句联语是同仁堂的第二代传人乐凤鸣在其编撰的《乐氏世代祖传丸散膏丹下料配方》中留下的训条，各代同仁堂都严格遵循，是历代同仁堂人的制药原则和精神信条。

同仁堂的声誉之所以能够长达数百年，秘诀之一就是对"百年一诺"的坚守和传承。今天，同仁堂中医院就建立在北京崇文区西打磨厂街。院内人来人往，患者云集。其实，这里就是同仁堂乐家老宅的所在地。经过岁月的洗礼，往日的老屋已经凋零，只剩下一栋当年的小姐绣楼，已经成了著名老中医的大师工作室。由留下来的老宅布局图可见，这里在过去就是同仁堂的秘密制药作坊，很多神秘的配方都是乐家人在这里亲手完成的。

对于所用药材，同仁堂一直坚守自己的原则——"取其地，采其时"，讲究的就是"地道"二字：人参用东北吉林的，蜂蜜用河北兴隆的，白芍用浙江东阳的，大黄用青海西宁的，山药必须是河南的光山药，枸杞必用宁夏所产。

对于药材的加工炮制，同仁堂要求更是苛刻，比如，黄连必须一根根地去掉须根；远志必须人工去除有副作用的芯。为了让药品口感更佳，同仁堂一直坚持使用 80 目的萝过筛；为了保证紫雪丹的效力，坚持使用"金锅银铲"等。也许，正是在这些外人眼里毫不在意的地方，彰显了"炮制虽繁必不敢省人工"的熠熠之光。

其实，对于上面的这些要求和工序，连一些同仁堂新来的伙计也曾多有不满：他人又看不到炮制药材的过程，即使省掉一些工序也不会影响药效，何苦如此呢？每每遇到这种情况，老同仁堂人都会用一句话来教育他们：修合无人见，存心有天知！秉承这句药行里的老话，就是对老传统的坚守；正是因为有了这种发自内心的自律，才让同仁堂超越同僚成了御药供应商，经历数百年风雨而不衰。

德正路正，聚人聚财，无往不胜；德邪路歪，败家亡国，自古以来都是如此！

意大利诗人但丁曾说："道德常常能填补智慧的不足，而智慧却永远也填补不了道德的不足。"

俄国作家果戈理也说："当一个人的道德力量前进的时候，他的智慧也在前进。"

英国教育家洛克说："德行愈高的人，其他一切成就的获得也愈容易。"

古希腊哲学家苏格拉底更是直截了当："美德即智慧！"

这些名言都很好地揭示了人格与才能的关系。

愿景和使命是为了满足人的灵魂需求

彼得·德鲁克曾说:"一家企业不是由它的名字、章程和条例来定义的。建立一个明确的企业使命,应成为企业家的首要责任。企业只有具备了使命与愿景,才可能制定明确而现实的战略目标。"

所谓企业愿景,也就是企业的希望和目标。在我们的一生中,每个人都会为自己做一番规划,希望自己能变成、做成什么样的人。企业同样也是如此!在制定企业发展战略的时候,也要将愿景作为一项重要内容;企业的发展,也就是领导者带领全体员工来实现目标的过程。

而使命指的是人或组织对自我生命意义的定位。在社会中,每个人都会产生使命感。企业之所以要对员工灌输这样的思想,就是为了让员工干劲十足。企业的使命感主要表现为,为社会为员工所要付出的努力和贡献;员工一旦有了使命感,无论做什么都会更加认真和努力。

马克·扎克伯格是 Facebook 的创始人,他是个地地道道的"80后"。大二辍学后,马克·扎克伯格便发现:心理学知识与互联网技术的结合能爆发出无穷的力量,于是便创造了一个满足人类沟通需求的社交网站。靠着澎湃的创业精神、智慧的融资经历、大胆的用人策略、卓越的盈利模式,最终成就了一个聚合世界的社交网络帝国。

作为一个企业家,托尼·马丁斯已经认识到,成功企业都是由三个基本因素所驱动的:现金流量、团队、使命。在这三个因素中,最重要的就是使命。其实,马克·扎克伯格真正关心的东西也是使命。

因为有了使命，世界就是开放的！企业使命的重要性可见一斑！

使命是业务建设的基础！这是业务的真正目的，因为企业的目标反映在使命中。缺少能够说服人心的使命，企业也就无法建立起真正的业务。虽然可以一时盈利，但随着时间的推移，很快就会被淘汰。

对于企业来说，使命是将团队、员工和客户与业务联系起来的纽带。没有使命和其他关键要素，企业的业务会分崩离析。物以类聚，人以群分！企业使命必须具有足够大的魅力，才能将其他志同道合的个人和实体吸引到一起，才可以将有着同样使命的人组织在一起……如此，凭借强大的使命，企业才可以扬帆起航。

事实证明，那些历史超过 100 年的企业通常都具有强大的使命感。比如通用电气，创始人托马斯·爱迪生的精神经受住了时间的考验，其使命继续指导着该公司的发展；亨利·福特的使命宣言是：要民主化汽车行业；阿利科 Dangote 的使命是：提供您的基本需求……

管理学大师彼得·圣吉在《第五项修炼》中提出："人们之所以要寻求建立共同愿景，其中一个原因就是，他们渴望归属于一项重要的任务、事业或使命。这是一种为了实现心底深处真正愿望的巨大而持久的力量，企业要想获得长远发展，就要具备一些精神，发挥出生生不息的力量。而愿景，只有不断地发挥激励人、凝聚人和感召人的作用，才能不断提升企业存在的价值。"

法国著名将军狄龙在《回忆录》中曾经讲过这样一故事：

一次，法军和敌人展开了激烈的战争。狄龙率领第 80 步兵团进攻一个城堡，结果，遭到了敌人的顽强抵抗，敌人火力很猛，步兵团根本就无法前行。看到情况紧急，狄龙对下属大喊道："谁能炸毁城堡，就能得到 1000 法郎！"

原以为士兵们肯定会积极应战，但没有一位士兵站出来。狄龙感到非常失望，气愤地大声责骂下属："懦弱！简直侮辱了法兰西国家的军威！"

　　一位军官听了狄龙的话，对他说："长官，要是你不提悬赏，全体将士都会发起冲锋！"狄龙听罢，立刻便发出了另一条命令："全体将士，为了法兰西，前进！"话音刚落，整个步兵团就从掩体里冲杀了出来，开始了残酷的拼杀。最终，全团1194名士兵只有90人生还。

　　企业的愿景和使命，就是为了满足人的灵魂需求！在这场战役中，祖国的利益与每位官兵都紧紧联系在了一起，军人的尊严得到了尊重。用钱驱使他们作战，对士兵来说是一种奇耻大辱！

工作是磨炼你我的道场

从一定意义上说，人生就是由心灵来创造的！用稻盛和夫的话来说就是，如果想把自己的公司经营出色，提高你的心性很重要！心性提高了，你就会拥有一颗美好的心灵，公司也会变得更加出色。

在公司里，领导者拥有美好的心性，员工也会效仿，心灵就会得到净化。心地美好的人们团结共事，公司就会取得巨大的成功。归根到底，就是提高心性，拓展经营！

如果想拓展经营，首先就要提高领导者的心性。然后，在提高自己心性的同时，努力使员工的心性得到提高。如此，结果便不言自明。不仅企业发展取得成功，而且这种繁荣还能长久地维持下去。

提高心性，不仅有利于企业经营，对于我们整个人生都发挥着极其重要的作用。要知道，我们的人生并不是依据自身意志发展的，与我们的愿望没有半点关系，它只会沿着由命运和因果法则交织成的人生之路一直走下去。在这个过程中，既会遇到灾难和困难，也会得到幸运和快乐。不管是灾难还是幸运，对我们都是一种考验，必须不断磨炼自己的灵魂、塑造美好的心灵，而这也是我们的人生目的！

所谓磨炼心灵，就是提升人格，塑造美好的人性，要积极打造一颗诚恳、优雅、充满关爱的心。如此，经过现实波涛的洗刷和磨炼，与生俱来的灵魂就会变得更加美好。这也许就是人生之所以存在的意义！面对死亡，我们更要拥有美好的灵魂，拥有充满关爱之心的灵魂。否则，你的人生就会毫无价值。所谓人生，就是磨炼灵魂、磨炼心灵的"道场"！

工作有不同行业、不同工种的区别。但是，对我们的人生来说，工作也是最重要的组成部分。为何这样说？首先，它占用的时间最长；其次，对有些人的某个阶段来说，工作就是他的全部。从这个意义上说，我们所有的修行都是通过工作来实现的。

在我们身边，有些人把工作和生活分得很清楚，但是从修炼自己的角度来看，就有点不太合适了。因为，只有当自己全力以赴地关注到某个点时，达到极致，才会产生灵感！比如，痛苦到极致，就会产生灵感；喜悦到极致，也能产生灵感。所以，最痛苦的时候、最开心的时候，也是收获财富的时候。只不过有些人会利用，有些人不会利用罢了。

如果获得喜悦的灵感来自其他方面，那么在哪里花费心思，就会在哪里产生效果。如果你有一些业余爱好，比起那些没有兴趣的一般人，你已经有了很大的进步；但和专注于主要事业的人比起来，成就就会差很多。如果是通过工作获得喜悦，就要一步到位，如此才会既有成就又有喜悦。如果是通过旅游或和好朋友玩等途径获得的喜悦，则要努力将这种喜悦感转到工作上去，但这比较难。

为了磨炼灵魂，首先就要努力工作、拼命工作。拼命工作，对磨炼灵魂最为有效！在我们拼命工作的时候，就没有多余时间来思索多余的事情，没有功夫抱什么杂念妄想，只是拼命地工作，这是提高自身心性的最好方法。这一点，和学习禅宗的人通过不断修行达到开悟境地是一样的。

抛弃杂念，全身心专注于工作。比如，当我们在电视广播中听到关于修建恢宏建筑的木匠师傅、烧制精美陶器的陶艺家等报道时，就会对他们所达到的那种崇高境界钦佩至极。这些人终其一生，聚精会神地投身于工作。他们既没接受过什么高深的教育，也没有博览群书，只是日复一日地埋头于工作，不发牢骚，没有怨言。

他们的一言一语，展现了他们高尚的人生观和丰富的人性；他们讲出的话语，就像是开悟的修炼人。全身心投入工作，认真地生活，不仅是为了赚取金钱，更是为了磨炼我们的灵魂和心志！

第八章

打造一心一意、死心塌地的团队

员工不满意，企业执行就会不到位；员工不满意，管理就会不完善；员工不满意，企业文化设计就会出现弊端……要想提高员工的满意度，不管做任何事都要用心！

优秀企业是什么？全心全意、踏踏实实为员工着想的企业，就是好企业。

好员工是什么？全心全意、踏踏实实为公司着想的员工，就是好员工。

好文化是什么？能在不知不觉中熏陶出"全心全意、踏踏实实"的员工，就是好文化。

好制度是什么？能约束引导、塑造出"全心全意、踏踏实实"的员工，就是好制度。

好领导是什么？能经营未来，培养出"全心全意、踏踏实实"的员工，就是好领导。

优秀的企业文化，是"不做好、不努力，都不好意思"的向心力；完善的企业制度，是"想学坏、想不学，都难于上青天"的动力；卓越的领导，是"公司发展、制度设计、文化培养"的原动力；好员工，是一切动力中的原动力，一切载体中的根载体！

稻盛和夫的成功方程式

在年轻的时候，稻盛和夫就创造出一个关于人生和工作结果的方程式：

人生和工作的结果＝思维方式×热情×能力

纵观一个人的一生，有的人获得了满满的幸福，有的人收获的却是满心的痛苦，企业经营亦是如此，人生百味，自有人评！有些管理者做得风生水起，有的管理者却怎么也不见起色……同样是经营企业，为什么会产生如此大的差别？稻盛和夫通过不断地思考，给我们创造出了这样一个方程式。

在这个公式中，能力和热情相乘，会产生无法想象的巨大差别。如果再跟"思维方式"相乘，结果就更加千变万化了。因为，想法一变，一切皆变！

上帝对我们每个人都是公平的，给我们每个人的都是一天 24 小时。在这段时间里，有的人发牢骚、抱怨、郁闷；有的人则在奋斗、努力、拼搏……人生差距自然就会由此产生！生气是一天，开心是一天，既然如此，为什么不让自己开开心心地过？潇洒走出去，也许就能看到和以往有别的风景；上帝在关上一扇门的同时，必定会给你打开另一扇窗。

幼年时，稻盛和夫的家庭条件非常不好。他在兄弟姐妹中排行老二。由于哥哥的争取，他才有机会勉强上了高中；毕业后，经过多方的努力，才考入知名度不高的鹿儿岛大学学习有机化学；可是，毕业后，工作不顺利，被迫进了连年亏本的"松风工业株式会社"。

面对家庭和职场的压力，稻盛的理性受到了冲击，他似乎想到了加入暴力团。可是，稻盛和夫突然意识到，活在当下是最重要的！与其破罐子破摔，还不如将希望寄托在不断的尝试上。于是，他废寝忘食地开始努力。结果，终于得到了肯定。随之，他的心态也渐渐变得乐观、积极，思考方式由负转正，为今后傲人成就的取得夯实了内在基础。

虽然说，扭转一次负面思想并不困难，但自始至终地掌舵正面思考方式而不偏离，一般人是很难做到的！这需要不断提高、修养人品、探究人性、领悟宗教、参透哲学。

稻盛和夫既是令人崇敬的企业家，也是优秀的哲学家。他信仰中国佛教，并将"敬天爱人"的理念运用到了企业经营上，握住了成功的命门，只手缔造了两家世界五百强企业！

不管是学习还是工作，大多数人关注的都是"勤奋程度"，很少有人会关注奋斗方向正确与否。"天才是百分之一的灵感加百分之九十九的汗水"这一点本没有错，但努力也仅仅是成为天才的一个重要因素，而1％的灵感往往比99％的汗水更重要！而且，对自己进行重新定位、把握好前进的方向，也被包括在这1％的灵感中。

稻盛和夫的成功方程式告诉我们，成功属于每个人，只要满足三个条件就可以成功：正面的思考方式或正确的人生理念、不灭的热情或过人的努力程度、后天学习的能力。但需要注意的是，这里的成功是短暂的！

那么，如何才能实现长期的成功？要想造就成功的人生，就要不断地将短暂性成功拼凑在一起，而拼凑的"胶水"就是修养人品、探究人性、领悟宗教、参透哲学，在行进中修正、成长、积累、成熟、成功，直至永恒！

老板解决企业"从无到有"的问题

创业，创业，出去看看，似乎看到的每一个人都是老板！为什么？因为，大家都在创业，都在开公司。如今，全民创业似乎已经演变成时下最流行的口号。可是，从人生科学规划的角度来看，创业的过程既有风险，又有挑战。创业，并不适合于每个人！

据美国《财富》杂志报道：美国寿命不超过 5 年的企业大约占到62％；中小企业平均寿命不到 7 年，跨国公司平均寿命为 10～12 年，世界五百强企业的平均寿命为 40～42 年，能存活 50 年的企业只占到其中的 2％。同时，数据也显示，我国中小企业的平均寿命只有 2～3年。在美国哈佛 MBA 课程中，有一份对创业类型的分析，将创业主要分为四种类型。

一是复制型创业。

复制型创业就是复制原有公司的经营模式，延续使用创业者在原公司的流程。这种创业，在社会中出现的比率比较高，但科技创新性太低，缺乏创业精神。

二是模仿型创业。

例如，某 IT 公司的经理辞掉工作后，开了一家鲜花礼品店。这种创业方式，创新成分虽然比较少，但风险较高，具有较高的不确定性，学习过程长，犯错机会多，创业成本高。要想取得成功，就要看看自己是否具有适合的人格特性、有无经过系统的管理培训、能否掌握正确的市场进入时机。

"初心"就是"初学者的心"，修行的目的就是要人们始终保持初心。

"初心"是一颗空的心，是一颗准备好要去接受的心。心是空的，自然就会去接受，对一切持有敞开的态度。初学者的心总是充满各种可能性，而自认为成熟者的心中则会塞满定见。

"初心"被各种宗教珍视。其之所以能够在商界流行，就要感谢已经告别世界的苹果创始人乔布斯了。

"初心"是乔布斯一生的指明灯。一直以来，他都以"保持饥饿，保持愚蠢"自省。在竞争激烈的市场环境中，苹果手机虽然是后来者，但却成了手机行业"高大上"的代名词。苹果用最快的速度和极具亲和力的方式，对人与欲望、人与科技、人与梦想的关系进行了诠释，将一种新的世界和新的世界观带给了世人。

可是，无论是苹果手机还是乔布斯本人，能成为同夏娃、牛顿一样被提及的苹果传奇，能取得今天的成就和地位，并不能简单地归结于乔布斯个人或苹果手机在某些技术方面的成功。

因为推出了改变世界的苹果产品，乔布斯也被人们称为"神一般的传奇"。那么，乔布斯是如何取得如此辉煌的成功呢？下面，就为大家来揭晓答案！

在乔布斯的一生中，一共做了两件事：一件是打造苹果大品，另一件就是学习禅学。

年轻时，乔布斯就痴迷于禅学。他认为，如果一定要上大学，就去上禅学院。他觉得，对于禅学的研习和思考是他最大的成功"智慧"。

从里德大学辍学返回硅谷后，乔布斯听日本禅师讲过"风吹幡动"的参禅故事：千百年前，有个僧人说是风动，有个僧人说是幡动。六祖慧能则说："不是风动，也不是幡动，而是心动！"

乔布斯打造的苹果品牌，之所以会享誉世界并且让众多的粉丝趋之若鹜、爱不释手，表面上看，是因其产品的技术水平和外观表现受到了人们的喜爱。再深入挖掘，其实是乔布斯和他的团队洞察了消费者的人心。然后，再通过产品来予以满足，甚至予以超预期满足，粉丝自然乐于跟着苹果的指挥棒跳舞。

人们一般都有追求尊贵、高人一等、卓尔不凡等心理需求，乔布斯就通过苹果来满足人们这一心理。仔细想想，哪个商业品牌不是在满足人们各种各样的心理需求呢？就连苹果和小米的营销方式，不也是在吊人们心理需求的胃口吗？反正人类有着各种各样的心理需求，所以企业就可以通过满足其一或者若干，来实现自己的品牌理想。于是，新的问题又来了。乔布斯凭什么能够洞察消费者的人心呢？他肯定不是众多消费者肚子里的蛔虫！

或许，大家可以从乔布斯的经历、教育、专业、勤勉、团队等方面找出很多理由。但是，光具备这些就足够了吗？未必！关键是怎么把这些因素组织起来，以及为什么那样组织。这就需要一个统领性的因素。这个统领性的因素，就是乔布斯的境界，一个说起来似乎虚无缥缈的东西。其实，实的东西往往以它背后虚的东西做支撑。那么，乔布斯的境界又是哪里来的呢？

大家还记得"乔帮主"从年轻时开始，一直坚持不懈的禅修实践吗？那就是提升境界的终南捷径。有多高的境界，就有多高的智慧。所谓"苹果禅"者，即体现在苹果品牌中的乔布斯之智慧也。

在同一领域，不同境界者只能创造不同水平的产品，境界最高者方能创造出顶尖水平的品牌。中国企业家都不缺精进之心、战斗之心、谦卑之心，但几乎都没有"初心"。大家都急着奔跑，急着创新，急着做风口上的猪……但是，当最大的对手成为自己的时候，就要进行一次彻底的重启，通过"初心"，激发出更年轻的状态。

员工解决企业"从有到更有"的问题

通常，现代企业都是由股东、员工和社会三部分组成的。它们之间的关系，就像是一个等边三角形，要想得到最大的面积，就要保持三条边等长；同样，要想让企业利益最大化，就要合理处理好股东、员工和社会的关系。员工是企业发展的宝贵财富，企业要想不断创新发展，就必须紧紧依靠员工、密切关注员工！

优秀企业告诉我们，只有关心员工、依靠员工、提高员工的主体能动性，把员工当作企业发展的主体，将员工的聪明才智聚合在一起，将员工的工作热情激发出来，才能克服困难、取得不菲的成绩，才能推动企业的健康发展。

员工是企业的主人，是企业的发展动力。不管是技术的创新，还是产品质量的提高，抑或是经营管理的不断完善，都是员工为企业创造出来的。

在团队建设上，企业团队就是一个同心圆，发展是它的中心点。没有发展，团队就失去了向心力和凝聚力。没有发展，企业就失去了前进的目标。没有发展，企业的存在也就毫无意义。发展不仅是企业的本质属性，也是广大员工的共同需求和愿望，在企业发展的同时实现个人发展。

同样，企业必须树立"以人为本"的价值观。对于企业来说，在生存和发展的每一过程中，人、财、物等资源都必不可少。当然，在这里，人力资源是处于首位的。

人才是企业最重要的可开发资源，在实际中，领导者要改变过去那种视人力为成本的观点，要将人力看成为企业创造财富的资本。因此，就要信赖和尊重员工！因为，他们是愿意工作的，他们会受到成就感、自尊感和自我实现等高层次需求的激励，有进取心和创造性。

"以人为本"不是企业挂在口边的一句空话，要花费一定的时间去择人、用人、知人、培养人，要把"以人为本"的价值观真正体现在企业的各项制度之中。

被称为"现代管理学之父"的彼得·德鲁克曾经说过："管理是一种实践，其本质不在于'知'而在于'行'；其验证不在于逻辑，而在于成果；其唯一权威就是成就！"事实证明，很多企业之所以能够保持长盛不衰，关键就在于其能够吸引人才、用好人才、留住人才！

同时，薪酬的高低也会影响员工在社会生活中的层次和品位。詹姆斯·柯林斯和杰里·波勒斯在合著的《基业长青》中写道："利润是生存的必要条件，而且是达成更重要目标的手段，但对很多高瞻远瞩的公司来说，利润不是目的，而是像人体需要的氧气、食物、水和血液一样，这些东西不是生命的目的。但没有它们，就没有生命。"因此，一定要给员工制定合理的薪酬制度。

薪资对于员工来说，同样如此！很多能够获得长远发展并长青久远的企业，之所以能够源源不断地吸引优秀人才、留住人才，根本原因就在于，它们能够提供在同地区、同行业都具有竞争力的薪资报酬。

问题和矛盾是事物发展的源泉和动力！企业出现问题，证明企业还活着；在向前发展的过程中，必然会存在问题。所以，企业有问题不可怕，没必要回避也无法回避，只有积极地、乐观地去发现问题、解决问题，才有利于企业的发展。

工作的过程，其实就是发现问题、解决问题的过程。有人认为，工作就是按领导的安排去做，自己只要"正在工作"或"已经工作"就可以了。其实，实际上问题并没有解决，原封不动地留给了别人。

责任是一个人最根本的义务，只有承担责任，才会变得强大。遇到问题的时候，我们必须清醒地认识到，问题不会因为我们的回避而自动消失，推卸责任只能使问题变得更加严重，必须勇敢地承担！

对待问题，办法为王，办法是解决问题的根本！办法总比困难多，办法是想出来的，多思考，才会找到更多的办法。在这个世界上，没有解决不了的问题，与人的智慧相比，问题总是很渺小。遇到问题的时候，不故步自封，不怕犯错，只要善于总结，总会有所提升。

经营企业，就像是开展一场战役，业绩像城池，攻略城池是评判战争得失的一个主要标准，业绩增长则可以提高士气。没有业绩，企业发展就会缺少营养供给，要想让企业获得长远发展，就要千方百计地提升业绩。

士为知己者死，女为悦己者容

春秋战国时期，韩、赵、魏三家联合起来消灭了智氏。豫让是智瑶的家臣，为了给智瑶报仇，辛苦埋伏了好几天，对赵襄子进行了多次刺杀，最后自刎而死，留下了"士为知己者死，女为悦己者容"的千古绝唱。

的确！男人都愿意为崇拜自己、仰慕自己的人献身，女人则愿意为喜欢自己、怜爱自己的人认真装扮。同样，员工也愿意为了解自己、赏识自己的人卖力、卖命。那么，老板重视员工，是否就是信任员工呢？未必！

有个老板，企业创办了十年，依然只有几十名员工。虽然我们都不能以企业规模来衡量其管理方式，但员工相继辞职，并控诉说：老板不信任我们，处处约束我们，我们看不到升职希望。老板感到很冤枉，因为他认为：员工都不负责任，销售人员不负责任、经理不负责任、车间主任不负责任、采购员也不负责任……没有一个可以放心的人！

不信任员工，必然要亲自去做事情；不信任员工，员工工作的时候就会万般小心；不信任员工，员工就无法施展才能；不信任员工，企业也就无法发展壮大。领导者事事亲力亲为，就会处于忙碌的状态，没时间扩大企业规模，企业将举步维艰。

优秀的老板之所以会重视员工，主要原因就是他认可员工的能力，信任员工，赞赏其态度。事实证明，遇到一个有能力的员工远比遇到一个能信得过的员工更容易！

在《湖畔讲话》中，马云说了这样一段话："在我创业的过程中，有过很多次几乎无法跨越的困难，今天回过头来看，是谁帮了我？不是财大气粗的投资方、不是我从外面请来有经验的管理方，因为他们在我最困难的时候，全都跑掉了，相反是和我一起相依为命的创业员工。没有他们，就没有阿里巴巴！"

信任，是马云给予员工最基本的尊重！换位思考一下，假如员工在马云这里得不到重视与信任，看不到被委以重任的可能，看不到前途，自然不会久留。员工流失率高，企业何谈发展！

对于领导者来说，信任员工，也就有了放手一搏的机会和勇气。当员工感到被重视、被信任、被委以重任时，就会产生一种强烈的存在感，逐渐对企业产生归属感。

对于企业来说，最具竞争力、最有价值的是公司的员工，聚集、管理和留住人才是每个企业有效运转、发展的基础。核心员工是公司最重要的"财产"，他们是企业核心竞争力的源泉，为了留住和激励这些核心员工，企业要大致做到以下三点。

一是提高薪水的吸引力。

任何人都不会纯粹为了钱工作，也没有人不为了钱工作。所以，要想留住员工，尤其是核心员工，首先就要制定有吸引力的薪酬标准。在同行业里，不能是最低的，也不要是最高的，最好建立一套有竞争力的薪酬体系。如果薪酬制度不错，为了提高吸引力，还要努力营造一个好的工作氛围。

二是为员工带来荣誉感。

核心员工的能力一般都不容置疑，有些人甚至还会有些自傲，所以要想留住核心员工，就要给他存在的价值感、成功的荣誉感，做到大声表扬小声斥责。同时，作为领导，不仅要和员工进行工作上的沟通，还要找到他们的爱好，和他们多聊天。

三是提供一个良好的发展平台。

一般来说，每个员工都会为自己的职业道路做规划。这样，为核心员工提供健康的发展平台，也就成了留住人才的有效手段。要给员工做好相应的引导和规划，为其提供一个合理的职业发展平台，比如办公环境、人际关系，员工凝聚力、胜任力等的培养。

马云曾经说过：员工的离职原因只有两点最真实，一是钱，没给到位；二是心，委屈了。想要留住核心员工，就得三管齐下——薪资留人、荣誉感留人、职业发展平台留人。能够做到这些，员工自然愿意留下来为企业付出，企业也就能够提升自己在同行业中的竞争力。

好领导：一心一意、死心塌地为员工着想

员工，到底有多重要？

要想了解一家企业，不用了解"他"的战略和规划；要想了解一个领导，不用了解他的思想和说法；要想了解一个制度，也不用了解它的构思和框架……若要了解这一切，只要审视一下领导者即可。

做好企业规划，员工就会明确自己的目标和计划；确立了创新文化，员工都会有激情和动力；领导者喜欢为下属着想，员工也就会为领导着想、为客户着想；设定了充满正能量的制度，员工就会规规矩矩、彬彬有礼。

只有员工满意了，客户才会满意；带着怨气工作，自然做不出满意的产品。员工的重要性由此可见一斑！不能神话企业家，应该神话的是员工！

海尔的"自主经营体""人人都是 CEO""倒三角"；稻盛和夫的"阿米巴经营""细胞经营哲学"……它们都是以员工为神的企业，结果它们也都被员工奉为神，员工也在慢慢成为神……

正如惠普公司创始人之一比尔·休莱特所说："惠普之道的政策和措施都是来自于一种信念，就是相信男男女女们全都想把工作干好，有所创造，只要给他们提供了适当的环境，他们就能做到这一点。"惠普之道就是，关怀和尊重每个人、承认个人成就。

举两个典型的例子，一个是美国惠普被称为"使硅谷诞生的公司"；一个是 1983 年英国女王伊丽莎白访问美国，参观了位于加利福尼亚州斯坦福大学附近的惠普公司。惠普是如何赢得如此崇高的声望

呢？惠普之道！

惠普公司尊重和信任员工的最突出表现是灵活的上班时间。根据惠普公司的做法，一个人可以上午很早来上班，或是上午9点来上班，干完了规定的工时后就可以自动离去。这样做，员工就可以按照自己的生活需要来调整工作时间，也表示了公司对员工的充分信任。

此外，开放实验室备用品库也清楚地表明了公司对员工的信任。实验室备用品库是存放电气和机械零件的地方，公司规定：工程师不但可以在工作中随意取用，还可以拿回自己家里供个人使用。惠普公司认为，不管工程师拿这些设备所做的事是不是跟手头从事的工作项目有关，反正摆弄这些玩意时总能学到一点东西，这有利于公司的革新。

当然，容忍个人的不同需要是惠普尊重和信任员工的另一个要素。例如，惠普始终认为，只要从自己这里离职的员工没有为直接的竞争对手工作，只要他们有良好的工作表现，就欢迎他们回来。因为他们了解公司，不需要再培训；而且，由于有了额外的经历，他们往往会工作得更愉快、更好。

当领导者全心全意为员工着想的时候，员工就会全心全意、踏踏实实地为企业工作！

好员工：一心一意、死心塌地为企业着想

对于企业来说，脱颖而出的好员工就像夜幕中一颗颗熠熠生辉的星星，光彩夺目。他们是同事们羡慕的对象，更是企业发展不可或缺的中坚力量。

公司的稳健发展，离不开好员工；公司的做大做强，离不开好员工；公司克服摆脱困境，也离不开好员工。在市场竞争越来越激烈的今天，好员工既是企业生存发展的重要基础，也是企业最宝贵的财富，更是企业的核心竞争力。

然而，作为员工，作为企业这个庞大机体中的一分子，怎样才能做一名好员工？如今，许多员工仍然觉得企业是老板的，它的兴旺与发展与自己无关，因此，混日子的员工有很多。

其实，只有将自己看作是企业的主人，把忠诚企业、勇于创新、追求卓越的品质融入工作，才能真正成长为企业的重要人才。

一是认真做事。

优秀的员工，对待工作一般都不会有任何的马虎，他们不会偷懒、不会耍滑、不会拖延，会主动尽到责任，努力干到让别人很难挑出毛病的水平。

事实证明，那些能在企业立得住、有发展的员工，首要的一条就是他们对工作都具有一丝不苟的认真态度，他们对工作都非常负责和敬业。领导把任务交代给他，会感到放心；同事把工作托付给他，会感到安心。对于这样的员工，领导自然会更喜欢，同事自然会更敬重。

那么，如何才能养成认真做事的习惯呢？努力使自己成为一个责

任意识强的人！责任是分内应做的事情，要主动承担起应承担的任务，主动完成应完成的使命，主动做好应做好的工作。如果没有完成自己该完成的任务，没有做好自己该做的事情，责任心强的员工就会吃不下饭、睡不好觉。

二是主动工作。

工作主动的人，既不用领导安排，也不管是不是分内的事，都能完美地完成；领导安排的工作，会比要求的多一点、好一点。不用别人告诉，他都能出色地完成工作。

首先，把自己融入企业中。要对自己的企业从过去、现在到将来，从使命、宗旨到运作都有一个大体的了解；要接受企业文化，关心企业成长，与企业同甘共苦，不断地把自己的一些好想法、好建议奉献给企业，做企业的参与者、建设者。

其次，自己分内的工作不需要领导操心，会自觉、主动地把它做好，还要有创新，有新法子、好经验。

再次，分外的工作，特别是大家都不愿意做的工作，只要有时间、有能力就主动去做。要想成为优秀员工，工做出色是第一位的。做工作的时候，不能分分内和分外，没事就主动找事干，工作时间就不能有闲下来的时候。这样，既能使大家敬佩你，还能使你学到比别人更多的本领，增加你的发展机会。

最后，领导交代的工作，一定要想方设法把它干好。聪明的员工对领导交代的事项，都会比领导多想几步，多干一些。这样的员工，领导自然会赏识，自然会获得进步的机会。

三是敢担责任。

喜欢做具有挑战性的工作，该自己做决定的事情绝不会推给他人，自己的事情绝不会往后拖；即使出了问题，也不会找借口，会主动将责任承担起来。

在日常工作中，经常会碰到这样的员工，他们不是没有承担责任的能力，而是怕连累自己。有的员工，虽然整天都很忙，但为何无法做出成绩？就是因为他们总是过分小心，这也不敢，那也不敢，失去了很多学习锻炼的机会，失去了很多对外展示个人才能的机会。

三国时代的蜀汉名相诸葛亮曾有这样一句名言："有难，则以身先之，有功则以身后之！"这种揽责让功的高风亮节，让他得到了人们的拥护，结果上下团结一致，成就了刘备，也成就了自己。其实，仔细看看，从古至今，凡成大事者，哪一个不是责任的勇敢承担者？哪一个不为自己身边的人挡风遮雨？

事实证明，大多数成功者都不会为自己的工作找借口！千万不要忽视了找借口这个问题，要坚持自省，要自觉地对自己做过的事情进行回顾检查，看看有哪些不足，找到需要改进的地方。能做到这一点，你离成功就不远了。

敢于承担责任的人，一定是个幸福的人，更是一个成功的人！

四是团结同事。

懂团结是大智慧，会团结是大本事。跟同事相处，就要多看对方的长处，千万不要自高自大。在这个世界上，任何人都会有自己的缺点，没有毛病的人是找不到的，没有优点的人也是找不到的。人的本事有大小，但本事大的不能轻视本事小的。本事大，人不能大，人大不值钱，人大讨人嫌。本事再大，别人不买你的账，你也会成为孤家寡人。

古语说得好："矜物之人，无大士焉。"意思是说，骄傲的人成不了大气候。国外曾经做过一项调查，结果显示：被解雇的人，90％并不是因为他的才能不胜任本职工作，而是因为缺乏团队意识和协作精神。一定要记住：当你看轻一个人时，就为自己制造了一个敌人。

不懂得合作是愚蠢的，时间长了，就会成为组织的破坏者。团队中，人与人相互协作就是天堂，相互内讧就是地狱。缺乏团队精神，私心就会加重，即使看起来是在为企业争抢，其实是在为自己争抢。

同事之间，包括上下级之间，要想搞好团结，就要有一颗包容之心。苏轼在《留侯论》中说："高祖之所以胜，项籍之所以败者，在能忍与不能忍之间耳。"可见，一个人的度量有多大，事业就会有多大！

第九章

跟着人心与时俱进的领导艺术

当下，随着市场环境的巨大变化，消费者的观念与企业发展模式也发生了重大改变，企业要想获得长远发展，就必须从新商业生态和商业模式层面，实现根本的创新和彻底进化。

更重要的是，如今人心也发生了深刻变化，尤其是"80后""90后"。这一群体的成长环境异常优越，再加上受互联网的影响，接受的信息定然比过去的人更多，他们有自己的思维与主见；再加上经济的高速发展、企业用人相对不足、就业环境的宽裕，让"80后""90后"成了一大管理难点。

有鉴于此，如果管理者不善于与时俱进、改变自己，调整管理思路，对于"80后""90后"员工的管理就会出现尴尬，定然会影响到企业的经营与发展。

出色的领导力是一门艺术

在新世纪，领导者必须拥有平等、均衡、更富创造力的心态，不断来认识、理解和实践领导力。只有将自己与员工放在平等的位置上，把自己作做员工的激励者、协调人或沟通桥梁，才是优秀的领导者。

今天的企业领导者人不仅需要具备彼得·德鲁克提出的有关决策、组织、评价、奖罚等任务的基本技能，还要更加完善自己、提高自己。为了实现从"传统管理者"到"现代领导者"的转变，就要主动为员工营造一种充满激情和创新的环境。因此，领导力并不是一种方法或技能，而是一种独特的艺术！

其实，马云也非常同意这样的观点——领导力更倾向于艺术，管理更倾向于科学！领导是一种艺术，也需要要讲究平衡。马云就非常喜欢"平衡"这个词，他认为，领导者最重要的技能，就是太极图里阴阳之间的这条线！阴阳中间有一种转动，高气压到低气压、低气压到高气压，阴过了就是阳，阳过了就是阴。阴阳中间的这条线，大约就是平衡的概念。

团队的真正力量是人，而非其他！2004 年，积极心理学和组织行为学结合，产生了"积极领导力"，这是西方专业领域新出现的管理科学。仅仅在"领导力"的前面加上一个"积极"，就给管理带来了"人味儿"，即创建理解、爱、幸福和快乐的一种科学。同时，这也是一门如何让领导者超越一般性的成功、达到卓越的艺术。

不管是西方还是东方，从制度管理到以人为本的管理，都走了一条漫长的发展之路。现代管理方式，虽然也开始尽最大可能地关注人、关注一些与人相关的领域，比如激励、沟通等，但是依然没有太多"人味儿"。这里的错误，既不在于制度，也不是管理者没有关注到人，而是因为在实施制度管理或人本管理时，是否确实要将"人"作为一种需要"自我实现的人"来加以关注。

按照著名心理学家马斯洛的需求层次理论，随着社会的进步和人们生活物质水平的提升，人类历经了从"经济人"到"自我实现的人"的飞跃性转变——从最初的"认为普通员工的行为动机就是为了满足经济的报酬，转向"人都需要发挥自己的潜能，表现自己的才能，管理者的主要任务是寻找什么工作对什么人最具有挑战性，最能满足人自我实现的需求。"

全球著名的民意测验和商业调查公司盖洛普曾对美国 30 个行业、1 万个业务单位、400 多万员工进行了调查，结果显示：被认可与表扬包围的人，工作效率得到了大幅提高，与同事的关系不断改善，更愿意长时间留在企业；他们的顾客满意度和忠诚度更高，工作的安全记录更好。同时，调查结果还显示，员工离职的首要原因并不是工资或晋升等问题，而是没有受到管理者的赏识！

带着对人性的深度理解和考量，积极领导力为当代管理者做出了提醒：一定要将员工看作"自我实现的人"；一定要将这一观念发展为企业文化建设的落脚点，真正成为软文化的硬体现。只有满足自我实现的员工队伍才会具有"人味儿"，员工才会对工作爆发出了热情，才会对组织高度忠诚，才能在企业遇到困难的时候挺身而出，才能为企业无私奉献。

现代管理学从一诞生就将管理者的视角冷漠地固定在了"解决问题"。管理者虽然也对人多了一些关注，但他们对员工依然保有强烈的消极防范的思想；即使也采用了一些激励方式，如全勤奖励、晨会鼓动等，但从形式和内核上看，都是为了防范业绩下滑、对问题员工进行监督。

在如此状态下，管理者扮演的角色是问题评判人、拯救者，员工则是被评判者、旁观者；管理者忙碌于为员工的错误查漏补缺，而员工则总是怨声载道；各种问题每时每刻都会出现，即使解决了一些问题，依然无法实现管理者所期待的愿景、卓越、出色等目标。

而积极心理学则发出呼吁，我们是时候关注"人们对在哪里"了。积极心理学的创始人塞里格曼对美国大都会人寿保险公司1.5万名员工中的1100位进行了一项历时5年的调查。结果显示，积极的员工销售额比消极的员工高88%，消极员工的缺勤率是积极员工的3倍。

积极领导力不会关注组织中已有的问题，也不会有意防范可能出现的问题，而是要告诉管理者，一定要积极开发职场人的"心理资本"。因为，这种资本是积极的，是可测量的，是可开发的，是与工作绩效有关的个体心理优势。

研究发现，从对工作的满意度来说，"心理资本"高的人是"心理资本"低的人的2倍；活力是后者的5倍；忠诚度是后者的9倍！"心理资本"的高回报由此可见一斑。工作中，心态积极的人，往往都更能打开思路、探索世界，更会对新观念抱有好奇心。因此，心态积极的人更容易成为一种重要资源，包括工作资源和人脉资源。更重要的是，有了这些资源，员工的心情也会变得更好。在这种良性循环中，员工就会学到更多的新知识和新技术、交到更多的新朋友，自己也会觉得越来越卓越、越来越幸福，如此就会产生高回报！

其实，建立在积极心理学基础之上的积极领导力，从一出现就闪耀出了与东西方管理艺术不谋而合的文化精髓。比如，积极领导力中的积极氛围，中心思想就是建造一个同理心、宽容、感恩的企业氛围。同样，中国古籍《周易》中的"君子以厚德载物"更是闪耀古今、千载不衰。

再如，积极领导力中的积极关系着眼于员工优势，注重扬长避短，可以在企业内部建立起一个互相支持的能量网络。同样，《中庸》早在两千多年前就已经提到，调节君臣、父子、夫妻、兄弟和朋友间重要人际关系的中庸之道就是"三达德"，即智、仁、勇，其所提倡的积极品德可以相互通达，实现"天下和合"的理想境界。

积极的领导力与中国特色管理需求的融合主要表现在下面几点：在管理者的品德修养、自我提升方面，第一次有效弥补了中国传统管理思想在"修己"上的不足；从领导艺术、团队协作、员工队伍建设等方面，让管理思想中的"安人"策略第一次得到完善。

积极领导力和中国式管理风格的契合度，不仅体现在管理理念的高度柔性化，还体现在与中国企业战略管理观念的多角度融合，这也是21世纪中西方管理学发展的共同趋势。其重点就在于，在管理中发掘员工的积极品质，激发员工的积极心理活动。

以人为本，就是以心为本

企业经营管理的根本就是"从人之性，顺人之情"。管理学的精髓就是"以人为本"，归根结底是"以人心为本"。所以，稻盛和夫才说："我到现在所做的经营，是以心为本的经营。换句话说，我的经营就是围绕着怎样在企业内建立一种牢固的、相互信任的人与人之间的关系这么一个中心点进行的。"

管理虽然要重视纪律，但也不能忽视对员工的奖赏。员工如果能够在管理者严峻的外表下感受到一颗温暖的心，一定会主动追随在其左右。"以心为本"具体包括三"心"：对待员工的仁爱之心、对合作伙伴的利他之心和对社会的回报之心！

虽然人心是脆弱的，但是在已知现象中，人心之间的联结却是最为强韧的！因此，只要善待员工、尊敬员工，并不时地赞赏他们、鼓励他们，给他们一种亲切感，他们就会更加努力地工作，企业内部关系也会变得更加和谐。如此，便可以在企业内建立起一种精神上的相互信任；一旦成了命运共同体，大家的命运也就会紧密联系在一起了。

对企业来说，"人"是企业最重要、最核心的"部件"，提升员工的素质很有必要！

松下幸之助曾经说过："事业的成功，首先在人和！"在管理实践中，松下就异常看重这一点。因此，企业的内部矛盾通常都能得到主动调适和化解。如此，在共同的价值观念和共有的目标基础上，员工就会形成一种相依相存、和谐融洽的氛围，产生巨大的向心力和认同感。

古语说得好："欲谋胜败，先谋人和！"工作氛围融洽，自然可以提升员工的工作效率。相反，拙劣的工作氛围会扼杀掉员工的工作热情、积极性和创造力。管理者一定要充分认识到工作氛围的重要性，尽可能地营造出一种员工乐于接受、利于团队发展的工作氛围。

那么，如何才能营造出一种良好的工作氛围呢？一定要从企业文化出发、从企业文化建设着手，激发出员工的工作激情，让大家相互帮助、相互理解、相互激励、相互关心；一旦员工的情绪稳定下来，形成了共同的价值观，就会产生一种巨大的合力，实现企业目标！

创建和谐的工作氛围，并不是呆板地整齐划一，而是利用大多数人认同的方式将大家最大限度地统一起来。忽视了任何一个下属的方式，哪怕仅仅是一个下属，也无法建立和谐关系。只有采用成员最常用的方式，团队成员才会乐于接受，才能保证团队的和谐统一。

企业领导者需要的不是才能和雄辩，而是深沉厚重的人格，如谦虚之心、内省之心、克己之心、正义之心、慈悲之心。总之，是必须保持"正确的生活方式"的人！

在《呻吟语》中，吕坤（明代）谈及有关领导者资质时说："深沉厚重是第一等资质；磊落豪雄是第二等资质；聪明才辩是第三等资质。"这就告诉我们，是否具备厚重的人格、能否对事物进行深入思考，是一个人能否成为管理者的关键！因此，要想提高管理效率，首先就要具备高尚的人格！

管理者就像是军队的统帅，部属凭什么信服你、凭什么要听你的号令？既不是权力，也不是金钱！卓越的管理者一般都拥有一种权力和金钱影响之外的能力和人格魅力，能够感召手下。

人格魅力绝佳的企业家，不仅可以营造融洽的团队氛围，还能提高公司的运营效率，更可以扩大公司的影响力。尤其是在企业发展的初期，企业机制还不完善，人格魅力所发挥的作用就更加突出了。

有些人认为："如果知晓理论就能办得到。"这种观念是不对的！

"知晓"与"办得到"是完全不同的两个词语，它们之间有着很深的鸿沟，只有现场的经验才能填补这道鸿沟。不流血流汗，就无法经营好企业，因为成就伟业的伟大智慧都是从经验中得到的！亲力亲为的体验，都是最宝贵的财富！

如今，很多著名企业的领导者都非常重视身体力行、以身作则，比如雷·克罗克就是如此。雷·克罗克是麦当劳快餐店的创始人，也是美国社会最有影响力的十大企业家之一。工作时间，他一般都不会呆坐在办公室里，他的大部分工作时间都用在了"走动管理上"。他喜欢到分公司的各部门走走、看看、听听、问问，只要下属提问或者遇到了问题，他都会主动帮助解决。

在企业管理活动中，沟通是一个不可或缺的内容。那么，如何与他人进行心与心的交流，建立感情上的信任，拥有心的力量呢？最重要的就是用真诚进行沟通。真诚具有一种穿透性力量。一直坚守真诚，总有一天会因此得到更多。

真诚也是让人感动的最佳方法！事实证明，很多优秀的管理者同时也是沟通高手！企业要想成功，不仅需要外部沟通，还需要内部沟通。因为，内部沟通直接影响着组织效率、生产进度、生产完成率和合格率。只有企业和员工实现了对彼此的理解、保持利益一致时，企业才能实现高速发展，才能得到超高品质的产品和最大限度的利润。

同时，企业领导者要公正地对待每一个人，积极发挥正义的力量。下属对管理者的弱点相当敏感，而且很容易察觉出来，如果管理者不公正或怯懦，大家也就不会信赖你。

处事公正是优秀管理者必须具备的品德之一！在处理企业事务时，无论是对员工的奖惩还是人事安排，都要坚持"一碗水端平"。尤其是，如果里面也涉及了管理者自己，处理起来更要做到公平公正。只对员工进行处理，而将自己放到一边，早晚都会失去公信力和说服力。被手中的权力冲昏头脑，做有失公正的事情，无论是对于企业还是对于自己，都有百害而无一利。

我们说，经营企业就是经营人，包括经营自己与经营他人两个方面。而经营自己，应该以身作则，有过必究；至于经营他人，则应该包容天地，难得糊涂。

一个管理者如果心胸狭窄、喜欢为自己的错误找借口、喜欢掩盖错误，那他是无法在财富之路上走远的。懂得"以责人之心责己，以恕己之心恕人"的人，不仅会拥有一个强大的自己，还会拥有厚实的人脉，更容易掘得财富的金矿。

最后，要以德为本创建"和谐企业"。依靠权力压制别人或者依靠金钱来刺激员工，都是无法建设"和谐企业"的。这样的经营，即使能获得一时的成功，但总有一天会招致员工的抵制。要想提高企业的经营效果，就要把"永远繁荣"作为目标，坚持以德为本。

另外，这种"以德为本"的理念，不仅适用于组织内部，还适用于与客户商谈交涉的时候。以"仁、义、礼"为基础，用合理的、人性化的方法进行协商交涉，管理效果定然会更加显著！

改变人心——领导力的最高境界

曾经，在某本关于领导力的专著上有这样一句话："领导的实质在于影响！"

其实，领导的实质就是领导"人心"！因为只有将"人心"领导好了，才能做出得人心的决策，才能产生一呼百应的效果，才能一举成功。比如，土地联产承包的决策就是典型的领导"人心"的决策。在中国，联产承包之所以能够在一夜之间落实下去，重要的原因就是得到了"人心"！

世界零售巨头沃尔玛，之所以能够超越一个个行业巨头，成为世界第一，主要就在于企业坚持"尊重个人"的领导理念，得到了员工的拥护，得到了员工的"人心"，打造出了一流的团队。沃尔玛其成功的法宝之一是薄利多销，而这一法宝也是为了赢得消费者的"人心"。

不可否认，"得人心"是沃尔玛成功的根基！其实，中外驰名的百年企业，都是依赖"得人心"而成功的！

中国企业家教父柳传志说："在中国，企业家压力是最大的，不要看企业家表面风光，其实背后的辛酸和无奈是众人所不能够理解的。"无论是目前经济面临的转型升级的困境，还是移动互联网对传统营销模式的冲击与颠覆，都给企业家带来了挑战和考验。这是一个屌丝逆袭的时代，昨日的巨无霸很可能在今天被别人收购兼并，如诺基亚。

同时，"80后""90后"对传统企业管理也提出了巨大的挑战。这一群体的工作重心是：我在你这里工作，是否开心幸福？我凭什么要跟你走，能否实现我的自我价值？传统管理中的考核激励措施对他们已经不起作用或者作用微乎其微，有些人甚至连工资都不要就裸辞了，所以新时代的领导者一定要认真反思一下自己的管理模式。

管理学家弗朗西斯说："你可以买到一个人的时间，可以雇一个人到固定的岗位工作，可以买到按小时或按日计算的技术操作，但你买不到热情、买不到创造性、买不到全身心的投入，你不得不设法争取这些。"

通常，员工能否做好一件事主要取决于两点：一是技能，二是心态。其中，心态占着很大的比例，它决定着一个人能否发挥潜能，决定着他是否拥有高级的技能。其实，所谓的心态说简单点，就是意愿，就是你是否愿意好好做，而这又取决于你觉得这么做值不值，而值不值则来自于内在价值观体系的判断。

因此，优秀的领导者都会领导员工的思想，会用自己的价值观体系重塑员工的心智模式。对于企业领导来说，心里惦记多少人，能让多少人为这件事操心，有多少人帮你，这件事就能做多大！

心里只想着自己，只能自助，如果想成就大事，就必须接受他人的帮助。员工要什么，你就给他提供什么，他才会有求于你，才会依赖你，你才有可能领导他、管理他，否则任何的管理都是不切实际的。

小老板经营事，大老板经营人！那么，经营人是经营人的什么呢？就是经营人的梦想与潜能，即自己究竟为什么而存在？为了实现这个梦想，自己究竟愿意付出什么？

我觉得，领导就是引领和指导。其中，引领就是言传，就是靠领导者的精神牵引和感召员工一起来实现企业目标；而指导就是身教，就是以身作则、率先垂范。

当然，对于领导者来说，以身作则固然重要，但还要明确你所要做的这件事跟员工有什么关系，做这件事对员工来说意味着什么。因为能以身作则的领导有很多，但真正能成大事的不多。

优秀的领导通常都只做一件事，那就是让员工都懂得并站在老板的角度去思考和解决企业的问题。稻盛和夫之所以能够在一穷二白的基础上成就世界五百强，主要原因有两个：一是稻盛哲学，二是阿米巴经营。简而言之就是，每个人都能像稻盛和夫一样全力以赴地对待工作。

信仰之所以能够改变人心，并不在于威权，而它才是领导力的最高境界！

三种最为重要的领导力：
宏观决策、管理行为和个人品质

21世纪，社会变革、国际交流、信息技术、个性发展等诸多挑战与机遇都出现在了我们面前无论我们是否是领导者，都应该具备一定的领导力。

具备卓越的领导力，就可以从宏观和大局出发分析问题，在从事具体工作时保持自己的既定目标和使命不变；可以更容易地跳出一人、一事等层面，用整体化思路应对更加复杂、多变的世界；可以在关心自我需求的同时，更多地重视自己与他人的关系……由此可见，领导力这门艺术共包括三方面的内容：宏观决策、管理行为和个人品质。

第一，宏观决策——前瞻与规划的艺术。

对于宏观决策，可以从以下几个方面来理解。

1. 比管控更重要的是愿景

企业如果缺乏理想与愿景的指引，一旦遇到风险和挑战，就会畏缩不前。对自己所从事的事业，既不会拥有坚定的、持久的信心；遇到复杂问题的时候，也不可能从大局、长远出发，果断决策，从容应对。事实证明，真正能够留名千古的宏伟基业都有一个共同点：有令人振奋、可以帮助员工做重要决定的愿景！

管理者的工作，并不是简单地将自己的精力都放在对企业组织结构、运营和人员的管理和控制上。依赖自上而下的指挥、组织和监管，虽然可以在一定程度上发挥出好的效果，但也会极大地限制员工的创造力，让员工偏离前进的目标，大大降低对企业未来的认同感。

因此，为企业制定一个明确的、振奋人心的、可实现的愿景，对于企业的长远发展来说就显得异常重要了。在企业处于成长和发展阶段时，管理者可能会在生存和运营方面花费更多的精力，但也不能忽视了愿景对于凝聚人心和指引方向的重要性；如果经过一定时间的努力，企业已经发展壮大，是否拥有一个美好的愿景就会成为企业从优秀走向卓越的关键所在！

优秀的领导者通常都会与员工分享企业的愿景，不仅如此，有些企业还会让员工参与愿景的规划。一旦员工充分理解了管理者对企业长期发展方向的思路，一旦全体员工都拥有了相同的努力目标，企业也就拥有了源源不断的动力。

2. 比指标更重要的是信念

我们的一生都离不开正确价值观的指引，同样，企业也需要拥有正确的、符合公司实际的价值观。这种价值观是企业长期坚守的，不仅可以影响企业的行为，还会影响到领导者的判断，它是非对错的根本信念。只有拥有正确的价值观，企业才能保持基业长青！

工作中，要将"坚持正确的信念、恪守以诚信为本"的价值观放在首位，不能孜孜以求于数字上的指标或成绩，更不能从短期利益出发进行决策。只有坚持正确的信念，才能给企业带来可持续发展的机会。把自己的全部精力都放在短期目标，虽然也能取得一定的成绩，但那也是一时的；严重者，还会使企业发展出现方向偏差，失去继续发展的动力。

优秀的企业通常都能坚持自己的核心价值观。无论是公司还是个人，不管在任何时候，都不能缺少坚定的信念、正确的价值观。同时，公司的整体信念或价值观也必须在员工身上体现出来。因为，任何一家企业都是由企业的所有员工组成和推动的。

3. 比战略更重要的是人才

在这个全新的世纪，对于企业管理者来说，人才比企业战略本身更为重要！因为只有拥有了杰出的人才，企业才能在市场上有所作为，管理者才能具备应有的价值。离开了人才的支持，企业的蓝图多么宏伟，战略规划如何引人注目，都无法得到真正的实施，自然也就无法取得最终的成功。

21世纪是人才的世纪，只要将杰出人才汇集在自己这里，就可以实现企业、产品、市场甚至产业面貌的改变。企业管理者一定要将"以人为本"作为自己最重要的使命之一，努力发掘、发现人才，将适合企业发展的优秀人才吸引到自己身边。

好的管理者，一般都非常重视员工的成长，不仅会给他们提供最大的发展空间，还会为他们提供足够的培训和学习机会。

第二，管理行为——沟通与协调的艺术。

对于管理行为，我们可以从以下几个方面来阐述。

1. 比个人更重要的是团队

事实证明，成功的企业，都会将公司利益放在第一位，团队利益都在个人利益之上。

这个道理恐怕每个人都知道，但在实际工作中，就不太容易把握了。例如，许多部门管理者总是优先考虑自己和自己的团队，在不知不觉中忽视了公司的整体战略方向和整体利益。这种做法是非常错误的！如果公司不能在整体战略方向上取得成功，任何部门、任何团队都无法获得真正的成功；如果团队无法成功，个人也就不可能获得个人价值的实现。

好的管理者，一般都会根据公司目标的优先级顺序来决定自己和部门的工作目标。作为管理者，要多做一些有利于公司整体利益的抉择，即使会给部门甚至自己带来一些损失，也要这样。当公司利益与部门利益、个人利益发生矛盾时，管理者都要勇敢地做出有利于公司利益的决定，而不能患得患失。如果你的决定是正确的、负责任的，就一定能够得到员工和领导的赞许。此外，管理者还要主动扮演"团队合作协调者"的角色，绝不能只顾突出自己或某个人的才干，而置团队合作于不顾。

2. 比命令更重要的是授权

21 世纪，每个人都可以获得足够的信息，每个人都拥有决策和选择的权利。将选择权、行动权、决策权部分地甚至全部地下放给员工，是新经济时代企业管理的主流。

今天，放权管理越来越接近于员工的期望，是最聪明的管理方式。企业聚集了一批足够聪明的人才，如果只是把他们当作齿轮使用，让他们事事听领导指挥，只会出现这样几个问题：降低员工的工作满足感，员工认为自己不受重视，找不到工作的乐趣，无法实现工作的意义，员工很难在工作中获得长远发展，员工的才智和潜能无法得到充分利用。

授权比命令更重要、更有效！但是，如何才能做好授权呢？权力和责任统一。当你授权给下属时，就要确定好工作的权限范围，给员工提供足够的信息和支持；也要明确下属的责任范围，让员工主动担负起责任，保证工作的有序进行。

给员工授权时，设定的目标一定要清晰，并可以用客观的方法进行衡量。这样，员工才能真正理解哪些属于自己的职责范围，是可以自己决策、选择并实施的；哪些超出了自己的职责范围，是不能随意决定的。

3. 比权威更重要的是平等

在企业管理的过程中，虽然分工不同、部门不同，但管理者和员工都是平等的。只有秉承这样的观念，才能营造出一种积极向上、同心协力的工作氛围。

平等的第一个要求，是重视和鼓励员工积极参与，与员工共同制定团队的工作目标。这里所说的共同制定目标是指在制定目标的过程中，让员工尽可能参与进来，鼓励他们提出不同的意见和建议，管理者做出最后的选择和决定。

上下级之间平等相处，员工就会以饱满的热情投入到工作中，更加信任管理者。这样，员工发现了问题就会积极思考、积极表达。即使他们的意见不被采纳，但看到很多人都在听自己表达自己的想法，他们也会产生一种强烈的参与感和认同感，为企业承担起更多的责任。

平等的第二个要求，是管理者要真心地聆听员工的意见。管理者并不高人一等，也不是事事都正确，一定要平等地听取员工的想法和意见。遇到复杂情况的时候，在综合、权衡的基础上，要果断地做出决定，保持决定的正确性。

第三，个人品质——真诚与均衡的艺术

对于个人品质，可以从以下几个方面来理解。

1. 比魄力更重要的是均衡

很多人都错误地认为，做领导就必须高调、有魄力，像一个精力充沛、一呼百应的将军。其实，这样的领导也许适应 19 世纪的工厂，并不适合今天。21 世纪，最好的领导者都具备卓越的情商，能够在不同的个性层面达到理想状态。

当然，在我们身边，优秀的公司和领导者有很多，许多公司都可以在自己的行业领域取得卓越的成绩。但如果以卓越的标准来衡量公司和个人的成绩，健康的企业和领导者就非常少了。在成功的基础上，领导者要想进一步提高自己，使自己的企业保持持续增长，使自己的能力从优秀走向卓越，就必须努力培养三大优良品质：谦虚、执著和勇气。

通常，均衡的、多元化的管理者通常都非常重视对情商的培养。从领导力角度来说，情商远比智商更重要！对于领导力来说，战略、运营、技术等非常重要，但这些都是"硬技能"，而以情商为核心的"软技能"则更加重要！以"情商"为中心的"软技能"也是一种艺术，它包括与人相处、团队合作、以诚待人、以身作则、同理心等众多元素。

2. 比激情更重要的是理智

优秀的管理者，不仅对自己的能力有充分的认识和理解，还知道自己的长处和不足，明白哪些事情是自己擅长的，哪些事情是自己办不到的。因为他们懂得自省，所以即使遇到了复杂情况，也能做出正确判断；在与下属合作时，也更容易得到他人的信任。

企业在发生危机或面临挫折时，优秀的管理者都能充分自控，在理智、冷静的基础上做出审慎的选择；面对各方的巨大压力，他们能够控制自己的反应，让自己和团队镇定下来，冷静处理问题；他们知道自己的位置和影响力，知道自己随时都在被他人（上级、下属、其他部门乃至客户）关注；他们会利用各种机会，通过自己的一言一行对团队成员产生影响。

除了自省和自控，管理者也应当时刻保持自律。无论在什么时候，都要以身作则，不能养成特权阶级的不良作风。

3. 比体面更重要的是真诚

真诚是所有卓越的管理者共同的品质，要想让自己变得更优秀，就要以诚待人、尊重员工，让员工知道，你理解并且感谢他们的工作！为了自己的面子，处处维护自己的权威，不愿将自己真实的一面暴露给员工，遮遮掩掩，是很难得到员工的真正信任和支持的。

对待员工真诚，就会使用同理心，从他人的角度出发考虑问题。例如，给员工回馈，人前多感谢，私下进行有建设性的批评，多和员工沟通。如果员工的所作所为是正确的，还应该坦诚地在人前讨论；但如果是对人，就不能当众伤了他的自尊。

对管理者来说，同理心的主要表现就是体谅和重视员工的想法，让员工觉得你非常在乎他。在这种心理的作用下，你既不会无中生有地褒奖下属，也不会给予员工"非常好""不错""棒极了"等评价。可是，一旦员工做出了成绩，你就会立刻并具体地指出来，同时将他的成绩广而告之。采用这样的方式，不仅可以真正赢得员工的信任和支持，还能对企业的凝聚力产生巨大影响。

真诚的管理者对员工充满信任，不会对员工指手划脚，也不会任意干涉员工的行为方式。他们既会坦诚地面对自己，也会坦诚地面对他人，会千方百计地赢得同事或下属的信任。信任是一切合作、沟通的基础，如果团队合作意识不强、效率低下，最重要的原因很可能就是团队成员之间缺乏信任！

所谓信任，就是要相信别人的出发点是好的！在充满信任的环境里，人们就会将自己的真实面目展现出来；大家会敞开心扉，坦然承认自己的缺点和失败，或者声明自己需要帮助。要想提高自己的领导力，就要营造一个充满信任的环境，不但要坦诚面对员工，还要鼓励员工坦诚地面对其他人。

真诚还体现在这样一个方面，即管理者和员工之间可以在平等的环境中直截了当地沟通。如今，信息发展非常快，犯了错却不自知，会产生严重的后果。在企业内部沟通的过程中，做任何事都打太极、猜测别人的想法而不直接沟通，公司的效率就会逐渐降低，最终走向失败！